Hans-Georg Willmann

30 Minuten

Selbstvertrauen

© 2014 SAT.1 www.sat1.de Lizenz durch ProSiebenSat.1
Licensing GmbH, www.prosiebensat1licensing.com

Bibliografische Information der Deutschen Nationalbibliothek

Die Deutsche Nationalbibliothek verzeichnet diese Publikation
in der Deutschen Nationalbibliografie; detaillierte bibliografische Daten sind im Internet über http://dnb.d-nb.de abrufbar.

Umschlaggestaltung: die imprimatur, Hainburg
Umschlagkonzept: Martin Zech Design, Bremen
Lektorat: Dr. Sandra Krebs, GABAL Verlag GmbH, Offenbach
Satz: Zerosoft, Timisoara (Rumänien)
Druck und Verarbeitung: Salzland Druck, Staßfurt

© 2013 GABAL Verlag GmbH, Offenbach

2. Auflage 2014

Hinweis:
Das Buch ist sorgfältig erarbeitet worden. Dennoch erfolgen alle
Angaben ohne Gewähr. Weder Autor noch Verlag können für
eventuelle Nachteile oder Schäden, die aus den im Buch gemach-
ten Hinweisen resultieren, eine Haftung übernehmen.

Printed in Germany

ISBN 978-3-86936-489-6

In 30 Minuten wissen Sie mehr!

Dieses Buch ist so konzipiert, dass Sie in kurzer Zeit prägnante und fundierte Informationen aufnehmen können. Mithilfe eines Leitsystems werden Sie durch das Buch geführt. Es erlaubt Ihnen, innerhalb Ihres persönlichen Zeitkontingents (von 10 bis 30 Minuten) das Wesentliche zu erfassen.

Kurze Lesezeit

In 30 Minuten können Sie das ganze Buch lesen. Wenn Sie weniger Zeit haben, lesen Sie gezielt nur die Stellen, die für Sie wichtige Informationen beinhalten.

- Alle wichtigen Informationen sind blau gedruckt.

- Schlüsselfragen mit Seitenverweisen zu Beginn eines jeden Kapitels erlauben eine schnelle Orientierung: Sie blättern direkt auf die Seite, die Ihre Wissenslücke schließt.

- *Zahlreiche Zusammenfassungen innerhalb der Kapitel erlauben das schnelle Querlesen.*

- Ein Fast Reader am Ende des Buches fasst alle wichtigen Aspekte zusammen.

- Ein Register erleichtert das Nachschlagen.

Inhalt

Vorwort

Was können wir tun, um mehr Selbstvertrauen zu gewinnen?

Wir alle kennen Situationen, in denen wir uns unsicher fühlen und zweifeln, ob wir einer Herausforderung gewachsen sein werden: Schaffe ich es, im nächsten Meeting meine Idee gut zu präsentieren, oder werde ich von meinen Kollegen in der Luft zerrissen? Werde ich den neuen Job meistern oder scheitern? Komme ich im neuen Team so, wie ich bin, an oder werde ich abgelehnt? Traue ich mich auf der Party endlich einmal, jemanden anzusprechen, oder warte ich wieder bis zum nächsten Mal?

Ob in der Familie, am Arbeitsplatz oder in der Freizeit, wir werden täglich mit Situationen konfrontiert, die wir meistern müssen. Und hier kommt das Selbstvertrauen ins Spiel. Wenn wir uns unserer Sache nicht sicher sind, müssen wir darauf vertrauen, dass es funktionieren wird. Wir müssen uns selbst vertrauen, d. h. an unsere Fähigkeiten und Möglichkeiten glauben.

Glauben heißt jedoch nicht wissen. Es ist unmöglich, mit Sicherheit zu sagen, dass wir in jeder Situation allen Anforderungen immer und überall zu 100 Prozent gewachsen sein werden. Die Welt ist zu komplex und die eigenen und fremden Ansprüche an unsere Person, an unsere Fähigkeiten und an unser Verhalten sind hoch. Aber wir können lernen, mit Wahrscheinlichkeiten umzugehen, wo wir uns Sicherheiten wünschen.

Dabei kommt es auf ein gesundes Mischungsverhältnis von Selbstzweifel und Selbstvertrauen an. Zu viel Selbstzweifel blockiert uns und zu wenig Selbstvertrauen macht uns unsicher. Zu viel Selbstvertrauen lässt uns hingegen überheblich werden und zu wenig Selbstzweifel macht uns unvorsichtig. Wollen Sie Ihre Karten neu mischen, zu viel Selbstzweifel überwinden und zu wenig Selbstvertrauen stärken? Dieses Buch bringt auf den Punkt,

- weshalb Selbstzweifel gar nicht so schlecht sind,
- warum Sie nicht immer besser sein müssen als alle anderen,
- wie Fehler Sie weiterbringen werden,
- mit welchen Werkzeugen Sie Ihr Selbstvertrauen im Alltag wirksam stärken können,
- wie Sie sich trauen werden, Dinge zu tun, die Sie schon immer tun wollten.

Ein Sprichwort sagt: *„Nichts beflügelt einen Menschen mehr als das Vertrauen, das man in ihn setzt."* Fangen Sie heute damit an, selbst Vertrauen in sich zu setzen.

Ich vertraue darauf, dass Sie das schaffen werden.

Dipl.-Psych. Hans-Georg Willmann
www.hans-georg-willmann.de

Testen Sie Ihr Selbstvertrauen

Bestandsaufnahme! Wie stark ist Ihr Selbstvertrauen ausgeprägt? Die 30 Aussagen des folgenden kleinen Tests helfen Ihnen, Ihr Selbstvertrauen in verschiedenen Lebensbereichen einzuschätzen. Die Aussagen sind an wissenschaftliche Selbstbeschreibungsfragebogen angelehnt, die in der psychologischen Diagnostik eingesetzt werden, um Selbstwertbeurteilungen bei Menschen zu messen.

Nutzen Sie Ihr Ergebnis als Anhaltswert und Grundlage für weitere Überlegungen. Wenn Sie an einem wissenschaftlich fundierten Test zur Messung Ihres Selbstvertrauens interessiert sind, können Sie sich bei einem Diplom-Psychologen professionell testen lassen.

Selbsteinschätzung

Lesen Sie die folgenden Aussagen aufmerksam durch und bewerten Sie, inwieweit die jeweilige Aussage auf Sie zutrifft: „Trifft selten zu", „Trifft manchmal zu" oder „Trifft häufig zu". Dabei gibt es keine richtigen oder falschen Bewertungen. Überlegen Sie deshalb nicht, welche Bewertung den besten Eindruck machen könnte. Kreuzen Sie spontan das an, was Ihrer Selbstbeobachtung entspricht. Sie profitieren am meisten, wenn Sie sich selbst ehrlich bewerten.

Entscheiden Sie sich jetzt, welche der folgenden Aussagen wie häufig auf Sie zutrifft.

Aussagen zum Selbstvertrauen	Trifft selten zu	Trifft manchmal zu	Trifft häufig zu
1. Ich bin mit meiner Leistung im Beruf zufrieden.			
2. Ich kann mich auf meine Fähigkeiten verlassen.			
3. Ich nehme neue Herausforderungen gern an.			
4. Ich übernehme die Verantwortung für Aufgaben.			
5. Ich mache meine Sache gut.			
6. Ich bin anspruchsvollen Aufgaben gewachsen.			
7. Ich will beruflichen Erfolg.			
8. Ich erhalte Anerkennung für meine Leistung.			
9. Ich vertraue meiner Leistungsfähigkeit.			
10. Ich leiste sehr viel mehr als andere.			
11. Lob anderer kann ich gut annehmen.			
12. Ich sage, was ich denke.			
13. Ich kann mich gut abgrenzen.			
14. Mir fällt es leicht, andere um Hilfe zu bitten.			
15. Ich mag es, vor einer Gruppe zu stehen.			

Aussagen zum Selbstvertrauen	Trifft selten zu	Trifft manchmal zu	Trifft häufig zu
16. Ich finde mit anderen schnell Gesprächsstoff.	X		
17. Ich glaube, andere finden mich okay.		X	
18. Andere mögen mich.	X		
19. Ich erhalte Rückmeldung, selbstsicher zu wirken.	X		
20. Betrete ich einen Raum, dreht sich alles um mich.	X		
21. Mein Äußeres ist mir wichtig.	X		
22. Ich fühle mich attraktiv.	X		
23. Ich bin sportlich.	X		
24. Ich bin mit meinem Körper zufrieden.		X	
25. Ich fühle mich wohl in meiner Haut.		X	
26. Ich kann mich selbst ganz gut leiden.	X		
27. Ich kann körperliche Aktivität genießen.		X	
28. Ich schaue mich gern im Spiegel an.	X		
29. Ich glaube, andere halten mich für attraktiv.	X		
30. Ich sehe besser aus als andere.	X		

Testauswertung Selbstvertrauen

Wenn Sie eine Frage mit „Trifft häufig zu" beantwortet haben, zählt das zwei Punkte, „Trifft manchmal zu" zählt einen Punkt und „Trifft selten zu" null Punkte. Notieren Sie Ihre Punkte für die jeweilige Frage. Jeweils zehn Fragen bilden einen Teilbereich Ihres Selbstvertrauens ab. Zählen Sie dann die Punkte für die entsprechenden Zehnerblocks und Ihre Gesamtpunktzahl zusammen.

Auswertung										
Teilbereiche des Selbstvertrauens										**Punkte**
Fragen 01 – 10: Leistungsbezogenes Selbstvertrauen										
0	1	0	0	1	1	0	1	0	0	4
Fragen 11 – 20: Soziales Selbstvertrauen										
0	0	0	0	0	0	1	0	0	0	1
Fragen 21 – 30: Körperbezogenes Selbstvertrauen										
0	0	0	1	1	0	1	0	0	0	3
Gesamtpunktzahl										8

Leistungsbezogenes Selbstvertrauen

Glauben Sie an Ihre Fähigkeiten? Wie stark sind Sie davon überzeugt, im Beruf und bei anderen Aufgaben fachlich fähig und kompetent zu sein? Fühlen Sie sich auch anspruchsvollen Aufgaben gewachsen und glauben Sie, dass Sie generell gute Arbeit leisten? Bei einer Punktzahl zwischen 6 und 15 Punkten liegen Sie in einem stabilen leistungsbezogenen Selbstvertrauensbereich. Sie wissen, was Sie leisten können, vertrauen darauf und sind damit zufrieden. Bei mehr als 15 Punkten haben Sie ein eher zu stark ausgeprägtes Selbstvertrauen, das Sie unvorsichtig werden und besonders am Arbeitsplatz überheblich wirken lassen kann. Bei weniger als 5 Punkten neigen Sie zu leistungsbezogenen Selbstzweifeln, die Sie blockieren und z. B. im Job so unsicher machen können, dass Sie manchmal unter dem Gefühl der Überforderung leiden.

Soziales Selbstvertrauen

Fühlen Sie sich im Kontakt mit anderen sicher? Wie stark sind Sie davon überzeugt, dass andere Menschen Sie wertschätzen? Fühlen Sie sich generell wohl und sicher, wenn Sie mit anderen Menschen zusammen sind? Bei einer Punktzahl zwischen 6 und 15 Punkten liegen Sie in einem stabilen sozialen Selbstvertrauensbereich. Sie fühlen sich im Kontakt mit anderen Menschen sicher und vertrauen auf Ihre sozialen Kompetenzen. Bei mehr als 15 Punkten haben Sie ein eher zu stark ausgeprägtes Selbstvertrauen, durch das Sie auf andere schnell überheblich und dadurch unsympathisch wirken können. Bei weniger als 5 Punkten neigen Sie zu sozialen Selbstzweifeln, die Sie im Kontakt mit anderen unsicher und ängstlich werden und wirken lassen. Und Sie leiden manchmal unter dem Gefühl der Schüchternheit.

Körperbezogenes Selbstvertrauen

Finden Sie sich attraktiv? Wie stark sind Sie davon überzeugt, dass Sie gut aussehen? Fühlen Sie sich körperlich fit und stehen zu Ihrem Aussehen? Bei einer Punktzahl zwischen 6 und 15 Punkten liegen Sie in einem stabilen körperbezogenen Selbstvertrauensbereich. Sie sind mit Ihrem Aussehen und Ihrem Körper weitgehend zufrieden und vertrauen darauf, dass Ihr Partner und andere Sie mit Ihrem Körper, so wie er ist, akzeptieren. Bei mehr als 15 Punkten haben Sie ein eher zu stark ausgeprägtes Selbstvertrauen, durch das Sie auf andere eingebildet und arrogant wirken können. Bei weniger als 5 Punkten neigen Sie zu körperbezogenen Selbstzweifeln und leiden manchmal darunter, dass Sie sich wegen Ihres Körpers schämen.

Ihr Ergebnis

Wie viele Punkte haben Sie von den insgesamt 60 möglichen Punkten erreicht? Ihre Gesamtpunktzahl sagt etwas über Ihre Selbstvertrauensbasis aus, d. h. darüber, ob Sie sich selbst akzeptieren und der Überzeugung sind, so, wie Sie sind, von anderen am Arbeitsplatz, in der Familie und in der Freizeit akzeptiert zu werden. Bei einer Punktzahl zwischen 16 und 45 Punkten liegen Sie in einem insgesamt stabilen Selbstvertrauensbereich. Sie vertrauen sowohl im Job als auch zu Hause und bei Freizeitaktivitäten auf Ihre Fähigkeiten und Möglichkeiten, die unterschiedlichsten Situationen mit den unterschiedlichsten Menschen gut zu meistern. Sie haben ein überwiegend positives Bild von sich selbst und fühlen sich emotional stabil. Bei mehr als 45 Punkten haben Sie ein eher zu stark ausgeprägtes Selbstvertrauen. Sie neigen dazu, sich zu überschätzen und sich unrealistische Ziele zu setzen. Bei anderen Menschen kann das Antipathie hervorrufen, da Sie überheblich wirken können. Bei weniger als 15 Punkten tendieren Sie dazu, in vielen Situationen, bei vielen Aufgaben und im Kontakt mit Menschen an sich selbst zu zweifeln. Sie neigen eher zu einem negativen Bild von sich selbst und vertrauen Ihren Fähigkeiten und Möglichkeiten wenig. Sie unterschätzen sich eher und setzen sich kleine oder keine Ziele. Dadurch wirken Sie auf andere Menschen häufig unsicher.

Wenn die Selbstbewertung Ihres Selbstvertrauens sehr belastend für Sie ist, sollten Sie sich an eine psychologische Beratungsstelle wenden.

Interessant ist jedoch nicht nur Ihre Gesamtpunktzahl. Menschen haben erfahrungsgemäß häufig ein unterschiedlich stark ausgeprägtes Selbstvertrauen in den drei Teilbereichen *Leistung*, *soziale Kontakte* und *Körper*. Schauen Sie einmal, in welchen Bereichen Ihr Selbstvertrauen bereits stärker ausgeprägt ist. Überlegen Sie schon jetzt, was Sie in diesen Bereichen anders machen als in den anderen, in denen Ihre Selbstzweifel überwiegen.

Denn so viel sei an dieser Stelle bereits verraten: Sie tragen ein großes Reservoir an Selbstvertrauen in sich. Vielleicht haben Sie diesen Schatz noch nicht entdeckt. Vielleicht ahnen Sie aber auch schon, was in Ihnen steckt, haben bislang jedoch noch keinen Zugang dazu gefunden. Das kann sich mit diesem Buch ändern.

Auf den folgenden Seiten erfahren Sie, wie Selbstvertrauen entsteht und wie es funktioniert. Sie werden erkennen, woher Ihre Selbstzweifel kommen und warum diese gar nicht so schlecht sind. Zu viel Selbstzweifel werden Sie überwinden lernen, und Sie werden erfahren, wie Sie Ihr Selbstvertrauen mit kleinen Übungen und wirkungsvollen Werkzeugen im Alltag stärken können.

Damit können Sie das Mischungsverhältnis von Selbstvertrauen und Selbstzweifel in Ihrem Leben neu bestimmen und sich trauen, Dinge zu tun, die Sie schon immer einmal tun wollten – ohne jedoch Gefahr zu laufen, unvorsichtig oder überheblich zu werden.

Freuen Sie sich auf viele praktische Tipps und anregende Fragen. Verstehen Sie die Tipps und Anregungen als Angebot und prüfen Sie, was für Sie persönlich hilfreich ist. Schaffen Sie sich, sooft Sie Lust dazu haben, kleine, überschaubare Möglichkeiten, um die sieben wirkungsvollen Werkzeuge zur Selbstvertrauensstärkung auszuprobieren. Wer noch mehr über das Selbstvertrauen wissen will, findet im Literaturverzeichnis weitere Anregungen.

30 MINUTEN

1. Die Wurzeln des Selbstvertrauens

Wie entsteht Selbstvertrauen und wie funktioniert es? Die Wurzel des Selbstvertrauens ist die Erfahrung, einer Situation mit allen Anforderungen gewachsen zu sein. Die Erfahrung, dass unsere Fähigkeiten, unser Aussehen, unsere Meinungen und unser Verhalten den eigenen und fremden Ansprüchen genügen, macht uns sicher. Je öfter wir in unserem Leben die Erfahrung machen, dass wir mit all unseren persönlichen Merkmalen wie Intelligenz, Leistungsfähigkeit, äußere Erscheinung, Einstellungen, Verhalten und Besitz im Leben zurechtkommen und von anderen angenommen werden, desto mehr vertrauen wir uns selbst.

Warum aber ist es für uns Menschen so wichtig, was andere über uns denken, und warum ist unser Selbstvertrauen sofort in Gefahr, wenn wir das Gefühl haben, abgelehnt zu werden?

1.1 Blick zurück in den Urwald

Wer Teil einer Gruppe ist, lebt länger. Evolutionsbiologisch betrachtet ist der Überlebensvorteil in der Gruppe die Antwort auf die Frage, warum wir Menschen Selbstzweifel entwickeln, wenn wir uns abgelehnt fühlen. Denn Ablehnung, Zurückweisung und Ausgrenzung bedeutete im Urwald den Tod.

Bereits vor 5,5 Millionen Jahren war für unsere Vorfahren Zugehörigkeit zu einer Gruppe ein Überlebensvorteil. *Dazugehören* bot sichere Nahrungsversorgung (fressen), Schutz vor Feinden und Gefahren (nicht gefressen werden) und mehr Möglichkeiten für Sex (sich fortpflanzen). Diejenigen, die von der Gruppe nicht angenommen, gar aktiv ausgeschlossen wurden, waren so gut wie tot. Auch von Naturvölkern weiß man, dass der Ausschluss eines Mitglieds aus dem Stammesverbund einem Todesurteil gleichkam.

Für uns Menschen im 21. Jahrhundert bedeutet der Ausschluss aus einer Gruppe nicht mehr automatisch den Tod. Aber der Verlust von Zugehörigkeitsgefühl kann uns krank machen. Das ist z. B. deutlich zu beobachten, wenn Menschen eine Kündigung erhalten. Eine Kündigung ist eine Ablehnung, und der Verlust des Arbeitsplatzes bedeutet für viele Menschen gleichzeitig, den Platz in der Gesellschaft verloren zu haben, nicht mehr dazuzugehören. Die Folgen: Selbstwertverlust, Selbstzweifel, Existenzangst. Die Auswirkungen: Niedergeschlagenheit, Antriebslosigkeit, Depression. Viele wissenschaftliche Studien belegen diesen Zusammenhang mittlerweile eindeutig.

Gehirnforscher wie Manfred Spitzer und Gerald Hüther haben nachgewiesen, dass unser Gehirn drohenden Verlust von sozialer Zugehörigkeit und damit drohende Einsamkeit als Gefahr wertet. Im Kernspintomografen konnten sie erkennen, dass dabei die gleichen Hirnareale aktiv werden wie bei einer direkten Bedrohung des Körpers. Es kommt zur Ausschüttung von Neurobotenstoffen, die uns Zurückweisung und Ablehnung wie einen körperlichen Schmerz spüren lassen. Das Gefühl der Zugehörigkeit und des Angenommenwerdens hingegen aktiviert die Ausschüttung von Belohnungsstoffen im Gehirn. Ergebnis: Wir fühlen uns wohl.

So haben wir Menschen im Laufe unserer Entwicklung das Grundbedürfnis nach Zugehörigkeit entwickelt. Dieses Bedürfnis ist so fundamental und so tief in unserem Gehirn verankert, dass wir, um Ablehnung zu vermeiden, nahezu alles tun würden, sogar sterben!

Grausame Experimente

Einige der grausamsten und zugleich revolutionärsten Experimente zum Thema *Bindung und Ablehnung* führte in den späten 1950er-Jahren der US-amerikanische Psychologe und Verhaltensforscher Harry Harlow mit Baby-Rhesusäffchen durch.

Er baute für seine Babyäffchen im Labor zwei unterschiedliche Mutterattrappen. Die eine war aus Frottéstoff, kuschelig weich wie ein Kissen und von einer

Glühbirne erwärmt. Die andere war aus Metalldraht gebaut, kalt und hart. An der Drahtmutter befestigte er eine volle Milchflasche. Die Stoffmutter hingegen hatte keine Nahrung, sondern fühlte sich nur weich und warm an. Beide Mutterattrappen platzierte er nebeneinander in einem Käfig. Dann setzte Professor Harlow die Babyaffen in den Käfig und beobachtete ihr Verhalten. Das Ergebnis war verblüffend: Die Babyaffen hatten die freie Wahl zwischen der Stoffmutter und der Drahtmutter, und obwohl sie hungrig waren und Nahrung benötigten, kuschelten sie mit der Stoffmutter. Einige weigerten sich selbst dann noch, das warme, kuschelige Frottéfell zu verlassen, um an die Milchflasche der Drahtmutter zu gelangen, als sie zu verhungern drohten. Das Bedürfnis danach, sich von einer weichen, warmen Mutter angenommen zu fühlen, war stärker als das Bedürfnis nach Nahrung.

Harlow führte weitere Verhaltensexperimente durch und beobachtete dabei die Interaktion lebender Affenmütter mit ihren Babys. Er fand heraus, dass Babyäffchen, die von ihren Müttern abweisend behandelt und weggeschubst wurden, immer wieder zu ihren Müttern zurückkehrten und die Nähe und den Körperkontakt mit ihrer Mutter suchten. Die Ablehnung war für sie unerträglich. Einige kehrten selbst dann noch zu ihrer Mutter zurück, als diese sie massiv bedrohte und verletzte – bis zum Tod. Das Bedürfnis, sich angenommen zu fühlen, war sogar stärker als das Bedürfnis, körperlich unversehrt zu bleiben.

Harlows Experimente erbrachten den Nachweis, wie wichtig soziale Bindungen und „sich angenommen fühlen" für die emotionale Entwicklung bei Primaten und letztlich auch bei uns Menschen sind. Das Gefühl der Zugehörigkeit zu einer sozialen Gemeinschaft, das Gefühl, angenommen zu werden, ist eine fundamentale Voraussetzung, um zu leben und zu wachsen. Wenn Menschen das Gefühl haben, abgelehnt zu werden, entwickeln sie Selbstzweifel, werden ängstlich und trauen sich nur noch wenig zu. Tatsächliche oder auch nur gefühlte Ablehnung und soziale Isolation greifen unser Selbstvertrauen massiv an.

Deshalb wirkt z. B. Mobbing in der Schule oder am Arbeitsplatz so zerstörerisch. Denn das Ziel von Mobbinghandlungen ist es, einen Menschen auszugrenzen, ihn zu isolieren und ins Abseits zu treiben. Es ist mittlerweile nachgewiesen, dass anhaltende Mobbingsituationen Menschen krank machen. Selbstzweifel und Versagensängste, Erschöpfung und Depression sind die Folgen.

1. Alltagsübung: Wie fühlt sich Ablehnung an?
Überlegen Sie einmal, wann Sie sich zuletzt von jemandem abgelehnt gefühlt haben. Erinnern Sie sich an eine solche Situation? Vielleicht haben Sie unlängst einige Freunde zum Abendessen eingeladen und einer der eingeladenen Gäste hat Ihnen abgesagt, weil er eine andere Abendveranstaltung vorzog. Oder ein Unternehmen hat Ihnen auf Ihre Bewerbung eine Absage erteilt. Was haben Sie in diesem Moment gedacht? Vielleicht: *„Warum? Mag mich die andere Seite nicht?"* Und wie hat sich das angefühlt?

Wir Menschen sind soziale Wesen. Teil einer Gruppe zu sein sicherte evolutionsbiologisch betrachtet über Jahrmillionen das Überleben unserer Vorfahren. Unser Gehirn ist deshalb auf Zugehörigkeit programmiert. Allein der drohende Verlust von sozialer Zugehörigkeit verursacht die Ausschüttung von Neurobotenstoffen im Gehirn, die uns Schmerzen bereiten. Wenn Menschen das Gefühl haben, abgelehnt zu werden, entwickeln sie Selbstzweifel, werden ängstlich und trauen sich nur noch wenig zu.

1.2 Blick ins Kinderzimmer

Menschenbabys sind genauso wie Affenbabys Säugetiere. Und wie alle Säugetiere kommen wir ziemlich hilflos auf die Welt und müssen von unseren Eltern versorgt werden, um zu überleben. Das tief in unserem Gehirn verankerte Grundbedürfnis nach Zugehörigkeit sichert uns diese existenzielle Versorgung, denn wir verhalten uns als Baby und Kleinkind instinktiv so, dass unsere Eltern uns annehmen: Wir gehorchen unseren Eltern. Kinder bis zu einem Alter von ungefähr sechs Jahren gehen grundsätzlich davon aus, dass das, was ihre Eltern ihnen sagen, und das, was ihre Eltern tun, richtig ist. Kleine Kinder halten ihre Eltern für unfehlbar. Sie haben noch keine alternativen Rollenvorbilder und verfügen noch nicht über die kognitiven Fähigkeiten, objektive Informationen von subjektiven Absichten zu unterscheiden. So lernen Kinder durch die elterliche Erziehung, was „richtig" und was „falsch", was „gut" und was „schlecht" ist. Das stellt ein Risiko für die Entwicklung unseres Selbstvertrauens dar. Denn kleine Kinder denken grundsätzlich, sie hätten etwas falsch gemacht, wenn Eltern sich abweisend ihnen gegenüber verhalten oder maßregelnde Worte sprechen. Dadurch fühlen sie sich abgelehnt und dieses Gefühl erzeugt sofortige Unsicherheit und Existenzangst.

Unsere innere Stimme

Eltern sagen viel zu ihren Kindern, um den Alltag mit ihnen zu regeln, um sie vor Gefahren und negativen Erfahrungen zu schützen und um sie zu erziehen. Welche der folgenden Sätze haben Sie als kleines Kind immer wieder gehört – erinnern Sie sich noch?

Abb. 1: Gebote, Verbote und Zweifel unserer Eltern

„*Pass auf!*", „*Mach das!*", „*Lass jenes!*", „*Das kannst du nicht!*", „*Schaff was!*" oder „*Sei brav!*": Als Kind hören wir täglich viele Male diese Gebote, Verbote und Regeln und oftmals weniger die ermutigenden Worte, dass wir etwas ausprobieren dürfen und es schaffen werden. Wie oft haben Sie von Ihren Eltern z. B. Sätze wie diese gehört:

Abb. 2: Ermutigung und Vertrauen unserer Eltern

Die Worte unserer Eltern und anderer wichtiger Bezugspersonen graben sich sehr tief in unser Gedächtnis ein. Sie werden zu einer inneren Stimme, die uns fortan begleitet und mit der wir selbst als Erwachsene unablässig, meist unbewusst, im Dialog stehen. So, wie unsere Eltern und wichtige Bezugspersonen mit uns geredet haben und teilweise noch heute reden, so sprechen wir als Erwachsene mit uns selbst. In unseren täglichen Selbstgesprächen wiederholen wir, was wir in unserer Kindheit von unseren Eltern gehört haben. Und so fangen wir an zu glauben, dass wir als Person so sind, wie mit uns geredet wird bzw. wie wir selbst mit uns reden. Wir fangen an, uns eine Meinung über uns selbst, über andere und über die Welt zu bilden.

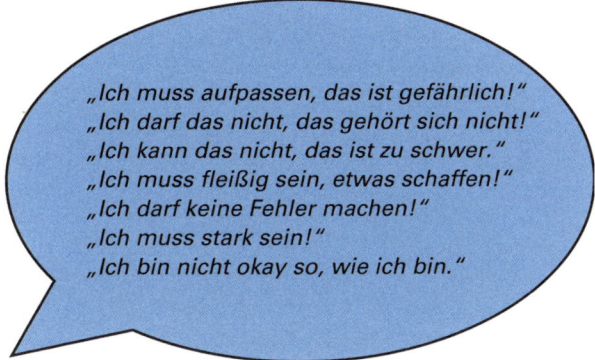

Abb. 3: Die innere Stimme des Selbstzweiflers

Je nachdem, welche Botschaften wir in unseren frühen Kinderjahren von unseren Eltern und engen Bezugspersonen immer wieder gehört haben, fördert unsere innere Stimme heute eher unsere Selbstzweifel oder unser Selbstvertrauen.

Und je nachdem, was wir als kleine Kinder selbst ausprobieren durften, was uns von unseren Eltern zugetraut wurde – auch auf die Gefahr hin, dass wir Fehler machen –, trauen wir uns heute selbst zu. Schon kleine Kinder wollen Dinge selbst machen, wollen etwas leisten. Kinder brauchen jeden Tag aufs Neue ihre Könnenserfahrungen, d. h. die Möglichkeit, verantwortlich für etwas zu sein: z. B. selbstständig den Tisch zu decken oder den Müll runterzubringen, allein das Fahrrad zu putzen oder zu reparieren, etwas im Garten anzupflanzen oder zu ernten. Wer bereits als Kind die Chance bekommt, solche Herausforderungen zu meistern, entwickelt Selbstvertrauen. Wer als Kind hingegen zu sehr verwöhnt, geschont und beschützt wird, kann gar nicht spüren, was alles in ihm steckt.

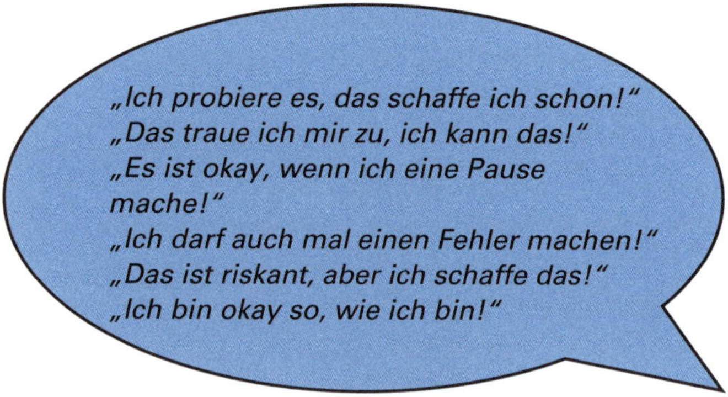

„Ich probiere es, das schaffe ich schon!"
„Das traue ich mir zu, ich kann das!"
„Es ist okay, wenn ich eine Pause mache!"
„Ich darf auch mal einen Fehler machen!"
„Das ist riskant, aber ich schaffe das!"
„Ich bin okay so, wie ich bin!"

Abb. 4: Die innere Stimme des Selbstvertrauers

So tendieren wir heute entweder zu der Meinung, dass wir uns selbst, unseren Fähigkeiten und Möglichkeiten vertrauen können – oder eben nicht.

Menschenbabys kommen, wie alle Säugetiere, ziemlich hilflos auf die Welt und müssen von ihren Eltern versorgt werden, um zu überleben. Aus Angst vor Ablehnung verhalten wir uns als Baby und Kleinkind instinktiv so, dass unsere Eltern uns annehmen: Wir gehorchen. Dadurch entwickeln wir von frühester Kindheit an eine innere Stimme, die uns selbst im Erwachsenenalter noch sagt, wie wir uns zu verhalten haben, um Ablehnung zu vermeiden. Je nachdem, welche Botschaften wir in unseren frühen Kinderjahren immer wieder gehört haben, fördert der Dialog mit uns selbst eher unsere Selbstzweifel oder unser Selbstvertrauen.

1.3 Blick in den Spiegel

Wir bleiben natürlich nicht immer ein kleines Kind. Wir werden älter und damit Teil anderer Gruppen als der eigenen Familie. Von der Schule über die Ausbildung bis zum Beruf, vom Musikverein über den Sportklub bis zum Sprachunterricht: Hier lernen wir andere Menschen mit anderen Botschaften kennen, als wir sie durch unsere Eltern vermittelt bekommen haben.

Bemerkenswert ist jedoch, dass unser Ohr ein Leben lang besonders offen für die Botschaften ist, die wir bis zu unserem sechsten Lebensjahr sehr häufig gehört haben – als wir anfingen, uns eine Meinung über uns selbst zu bilden.

Das Selbstbild

Alles, was wir in jungen Jahren gehört und erlebt haben, haben wir irgendwie eingeordnet. Wir haben uns ein Bild von uns selbst gemacht: dass wir ein Mädchen oder ein Junge sind, groß oder klein, gut aussehend oder weniger gut aussehend, intelligent oder weniger intelligent, dass wir gut oder schlecht malen können, dass wir gut so sind, wie wir sind, oder eben nicht. Dieses Bild festigt sich zu dem, was Psychologen das Selbstbild nennen. Es ist dafür verantwortlich, ob wir eher Selbstvertrauer oder Selbstzweifler sind.

Unser Selbstbild bleibt im Laufe unseres gesamten Lebens relativ stabil und leitet unser Verhalten. Das ist so, wie wenn Sie sich in einer Eigentumswohnung einrichten, aus der Sie nie mehr ausziehen wollen: Hier stehen die Stühle, hier und nur hier kann der Tisch stehen und die Vorhänge sind immer halb geschlossen.

Selbstzweifler, die davon überzeugt sind (oder wurden), dass sie von anderen nur gemocht werden, wenn sie viel Leistung bringen und keine Fehler machen, werden besonders viel arbeiten und alles perfekt machen wollen, weil sie Angst davor haben, zu versagen. Mit so einem Selbstbild, „Sei perfekt und leiste viel", ist es kein Wunder, dass zunehmend viele Arbeitnehmer in die Burnout-Falle tappen. Grund dafür ist nicht nur die absolute Menge an Arbeit (die zweifelsohne zugenommen hat), sondern auch die noch zu wenig entwickelte Fähigkeit, sich selbst zu regulieren und Unvollständigkeit auszuhalten. Wer aus Angst vor Arbeitsplatzverlust arbeitet bis zum Umfallen, anstatt dem Chef klar zu signalisieren: „Stopp!", dessen Weg führt allzu oft direkt in den Burnout.

Oder wer die selbstzweiflerische Vorstellung entwickelt hat, dass er seine eigenen Wünsche nicht äußern darf, weil er ansonsten mit Ablehnung bestraft wird, wird dazu neigen, Situationen zu vermeiden, in denen er glaubt, Ansprüchen anderer nicht zu genügen. Ein gutes Beispiel dafür ist die „lauwarme Suppe im Restaurant". Viele Menschen löffeln die Suppe brav aus, anstatt sich zu beschweren, weil sie Angst davor haben, den Ansprüchen anderer (hier denen des Obers) nicht zu genügen und sich unbeliebt zu machen. Mit dem Selbstbild „Sei brav und falle nicht auf" erreichen Menschen oft kaum etwas von dem, was sie im Leben gern erreichen wollen.

Selbstvertrauer hingegen, die das Selbstbild haben, leistungsfähig und sozial kompetent zu sein, schätzen ihre Grenzen häufiger realistisch ein. Sie können anderen mitteilen, was sie leisten können und was nicht bzw. was sie haben wollen und was nicht. Es fällt ihnen leichter, zwischen Selbstunsicherheit und Situationsunsicherheit zu unterscheiden. D. h., sie wissen, dass sie nicht in allen Situationen sicher sein können – kein Mensch kann das. Deshalb zweifeln sie auch nicht sofort an sich selbst, an ihrer ganzen Person, wenn sie sich in einer herausfordernden Situation unsicher fühlen.

Das Vertrackte ist, dass wir das Bild, das wir von uns selbst entwickelt haben, bestätigt sehen wollen, egal ob es ein positives oder ein negatives Selbstbild ist. Warum? Weil wir uns damit sicher fühlen. Menschen erleben dadurch die Umwelt und sich selbst als vorhersagbar. Je häufiger das Bild, das wir von uns selbst haben, von anderen Menschen bestätigt wird, desto größer werden diese Vorhersagbarkeit und damit unsere Sicherheit. So versuchen wir ein Leben lang, unser Selbstbild zu bestätigen, indem wir meist unbewusst die Situationen mit den Personen aufsuchen, die uns ermöglichen, uns so wahrzunehmen, wie wir uns selbst sehen (bzw. es gelernt haben). Wir filtern die Dinge, die wir erleben, so, dass sie zu dem passen, was wir von uns selbst glauben. Psychologen nennen das Selbstbild erhaltende Erlebens- und Verhaltensmuster.

Abb. 5: Selbstbestätigungskreislauf des Selbstvertrauers mit einem positiven Selbstbild

Wenn jemand mit einem überwiegend negativen Selbstbild positive Rückmeldungen bekommt, gerät er in eine Zwickmühle: Einerseits besteht das dringende Bedürfnis, sich gut zu fühlen und die positive Rückmeldung anzunehmen, um den eigenen Selbstwert zu erhöhen. Andererseits befürchtet er aber, dass er es gar nicht wert ist, eine positive Rückmeldung zu bekommen, und dass irgendwann der andere erkennt, dass er die positive Rückmeldung nicht verdient hat.

Abb. 6: Selbstbestätigungskreislauf des Selbstzweiflers mit einem negativen Selbstbild

Wenn Menschen mit einem überwiegend negativen Selbstbild positive Rückmeldungen annehmen wollen, müssen sie erst einmal daran glauben, dass sie Persönlichkeitsseiten und Verhaltensweisen an sich haben, die gut sind: *„Ich bin okay und ich kann was!"* Sie müssen akzeptieren, dass andere eine positive Rückmeldung ernst meinen, obwohl sie selbst das vielleicht (noch) nicht so sehen oder erkennen können. Mit anderen Worten: Wer seine Selbstzweifel überwinden und sein Selbstvertrauen stärken will, muss raus aus seiner Eigentumswohnung – raus aus dem Verhalten, das ein negatives Selbstbild bestätigt.

Wir Menschen sind soziale Wesen. Unser Gehirn ist auf Zugehörigkeit programmiert. So entwickeln wir früh eine innere Stimme und ein Bild von uns selbst, wie wir sind und wie wir uns zu verhalten haben, um Ablehnung zu vermeiden. Weil wir uns damit sicher fühlen, suchen wir fortan nach Bestätigung unseres Selbstbildes – egal ob es negativ oder positiv ist. Die ersten Schritte, um Selbstzweifel zu überwinden und Selbstvertrauen zu stärken, sind:

- *Achten Sie bewusst darauf, wie Sie mit sich selbst sprechen.*
- *Machen Sie sich bewusst, welches Bild Sie von sich selbst haben.*

30 MINUTEN

2. Selbstzweifel überwinden

Was kann ich tun, um meine Selbstzweifel zu überwinden? Selbstzweifel sind per se gar nicht so schlecht. Denn Selbstzweifel machen uns vorsichtig und lassen uns überprüfen, ob wir auch wirklich die Fähigkeiten und Möglichkeiten haben, ein Ziel zu erreichen. Zu viele Selbstzweifel blockieren uns jedoch und machen uns handlungsunfähig. Der emotionale Zustand des Zweifelns kann uns so sehr verunsichern, dass wir bestimmte Situationen sogar ganz vermeiden.

Zu erkennen, dass Selbstzweifel und Selbstvertrauen zusammengehören wie Kirsch- und Bananensaft in einem Kirschbananensaftshake, ist der erste Schritt, um Selbstzweifel zu überwinden. Denn Sie können mit großer Sicherheit darauf vertrauen, dass Sie in Ihrem Leben immer wieder zweifeln werden. Es lohnt sich deshalb, zu schauen, welchen Einfluss wir auf das Mischungsverhältnis von Selbstzweifel und Selbstvertrauen haben.

2.1 Ich will es ja, aber ich habe Angst

Wann fangen Sie an zu zweifeln? Menschen beginnen, an sich zu zweifeln, wenn sie Angst haben. Angst davor, nicht genug zu leisten, Angst vor Fehlern, Angst davor, zu versagen, Angst vor Blamage, Angst davor, den Ansprüchen anderer nicht zu genügen oder sich unbeliebt zu machen. Die Liste menschlicher Ängste ließe sich endlos verlängern. Es gibt jedoch einen gemeinsamen Nenner all unserer Ängste: Wenn wir uns durch etwas bedroht fühlen, haben wir (Existenz-)Angst, d. h., wir fürchten uns davor, eine Situation nicht zu überleben.

Da Angst ein Urgefühl ist, das uns Menschen über Jahrmillionen davor bewahrt hat, auszusterben, ist es nicht sinnvoll, Angst auslöschen zu wollen. Denn Angst schützt uns vor Gefahren, sie warnt uns bei Bedrohung und macht uns vorsichtig. Sie hütet uns davor, Dummes zu tun, dessen Risiko und Gefahrenpotenzial wir nicht realistisch einschätzen können. Aber wie können wir besser mit unseren Ängsten und Zweifeln umgehen?

Angst vor Selbstwertverlust

Anders als im Urwald, wo unsere Vorfahren dem Tod häufig ins Auge geschaut haben, sind die Situationen, die wir heute zu meistern haben, in der Regel nicht mehr direkt lebensbedrohlich für uns. Es sei denn, wir werden krank oder begeben uns bewusst in eine Gefahrensituation, z. B. auf Abenteuerreisen oder bei Extremsportarten.

Die eigentliche (Existenz-)Bedrohung unserer heutigen Zeit liegt vielmehr im Bereich der Selbstwertschädigung. Die Angst davor, zu versagen, oder davor, anderen nicht zu genügen, und die dahinterstehende Angst vor Ablehnung und Zurückweisung durch andere bedrohen unseren Selbstwert, d. h. das Gefühl, so, wie wir sind, okay zu sein.

Denn wer sich abgelehnt fühlt, beginnt an sich zu zweifeln. Vielleicht kennen Sie die Selbstzweifel am Abend vor dem ersten Tag im neuen Job. Die Unsicherheit vor einer Präsentation im Geschäftsführerkreis oder vor einer Meinungsäußerung in einem Meeting. Oder die Anspannung und Aufregung beim Gedanken, den toll aussehenden Typen auf der Party anzusprechen.

Überwinden wir uns und tun es, fühlen wir uns danach meist sehr gut. Aber nicht alle Menschen können sich überwinden. Die Selbstzweifel blockieren uns und wir entwickeln „gute" Strategien, um gegen die Angst anzukämpfen. Aus Angst davor, zu versagen, oder davor, den Ansprüchen anderer nicht zu genügen, vermeiden wir z. B. bestimmte Aufgaben oder Personen. Wir ziehen uns zurück, um von anderen erst gar nicht abgelehnt werden zu können. Wir bewerben uns erst gar nicht, um keine Absagen zu bekommen. Wir setzen uns keine ambitionierten Ziele, um gar nicht erst scheitern zu können. Kurzum: Wir vermeiden die Situationen, die Personen und die Aufgaben, denen wir uns nicht gewachsen fühlen.

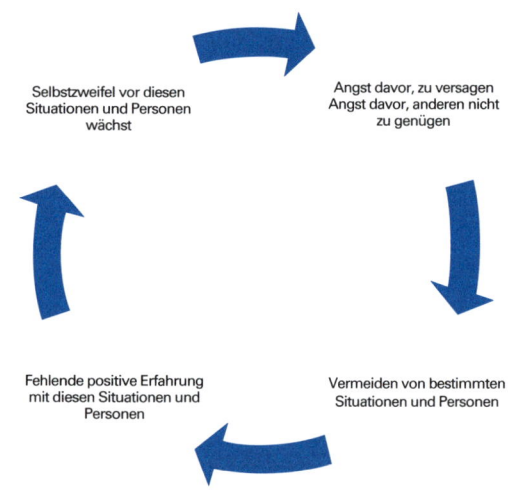

Selbstzweifel vor diesen
Situationen und Personen
wächst

Angst davor, zu versagen
Angst davor, anderen nicht
zu genügen

Fehlende positive Erfahrung
mit diesen Situationen und
Personen

Vermeiden von bestimmten
Situationen und Personen

Abb. 7: Vermeidungskreislauf bei Selbstzweifeln

Die zweite „gute" Strategie gegen unsere Versagens-
angst lautet: perfekt sein zu wollen. Aus Angst vor Fehlern oder davor, so, wie wir sind, nicht okay zu sein,
neigen wir manchmal zum Perfektionismus und Opti-
mierungswahn. Dann wollen wir alles planen, durch-
denken, überprüfen und eben fehlerfrei machen oder in
unserem Aussehen und Verhalten fehlerfrei sein. Zur
Sicherheit kontrollieren wir Aufgaben so lange, bis wir
glauben, jede vermeintliche Fehlerquelle und jeden
einzelnen Restfehler im Griff zu haben – was natürlich
überhaupt nicht möglich ist. Oder aber wir optimieren
uns selbst so lange, bis wir glauben, den Vorstellungen
anderer zu genügen – was ebenso wenig funktioniert.

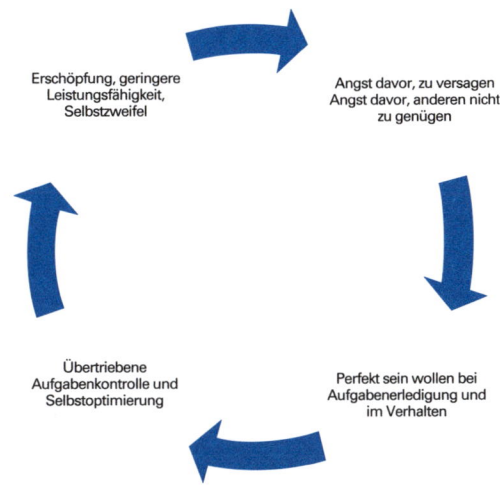

Abb. 8: Perfektionismuskreislauf bei Selbstzweifel

Der Angst auf der Spur

Wovor haben Sie konkret Angst? Eine Situationsanalyse lohnt sich. Denn allzu oft neigen wir zu der globalen Aussage, dass wir *„einfach wenig Selbstvertrauen haben"* und *„halt eher ängstlich sind"*. Diese Aussage verfestigt sich in unserem Selbstbild und schnell vermeiden wir eine Situation nach der anderen oder arbeiten uns kaputt daran, alle Situationen perfekt kontrollieren zu wollen. Vielleicht haben Sie zu oft zu hören bekommen, dass Sie nicht viel können und nicht viel wert sind, oder Sie hatten bislang noch nicht so viele Möglichkeiten, sich auszuprobieren, und haben deshalb generell Zweifel, vielleicht sogar

Angst, ob Sie den Aufgaben und Ansprüchen anderer genügen können.

Schauen Sie einmal ganz genau hin, in welchen Situationen, vor welchen Personen und bei welchen Aufgaben Sie ängstlich sind und an sich selbst zweifeln. Nutzen Sie dazu die folgende Frageliste:

Checkliste Angst
1. In welchen Situationen tritt meine Angst auf?
2. Vor welchen Aufgaben habe ich Angst?
3. Vor welchen Personen habe ich Angst?
4. Was genau erlebe ich als bedrohlich?
5. Woran merke ich, dass ich Angst habe?
6. Wie verhalte ich mich, wenn ich Angst habe?
7. Was entgeht mir dadurch?

Energie folgt immer der Aufmerksamkeit – im Positiven wie im Negativen. Wenn Ihr Zweifel überwiegt, dann richten Sie Ihre Aufmerksamkeit zu sehr darauf, dass Sie etwas nicht schaffen werden, und die Folge davon ist meist, dass Sie es tatsächlich nicht schaffen. Das nennt man die selbsterfüllende Prophezeiung.

Unsere Angst wird größer, wenn wir uns ihr nicht stellen. Das wurde in unzähligen psychologischen Studien nachgewiesen, und wenn wir ehrlich sind, kennen wir das alle aus unserem Alltag. Deshalb schauen wir in den beiden folgenden Kapiteln einmal genauer auf die beiden Hauptängste unserer Zeit: die Angst, zu versagen, und die Angst davor, den Ansprüchen anderer nicht zu genügen. Lesen Sie weiter, wie Sie Ihre Angst-Kreisläufe durchbrechen können. Vorher machen wir aber noch eine kleine Übung.

4. Alltagsübung: Wie gehen Sie mit Angst um?
Überlegen Sie einmal, wie Sie mit Angst und Selbstzweifeln umgehen. Neigen Sie eher zum Vermeiden, wenn Sie daran zweifeln, ob Sie einer Situation gewachsen sind? Oder neigen Sie eher dazu, alles perfekt planen zu wollen, um Situationen kontrollieren zu können? Vielleicht haben Sie auch schon eine dritte, konstruktive Strategie für sich gefunden, der Angst ins Auge zu schauen und sich zu fragen, was genau dahintersteckt.

Der gemeinsame Nenner all unserer Ängste und Selbstzweifel ist die Existenzangst, d. h. die Angst davor, eine Situation nicht zu überleben. Angst und Selbstzweifel schützen uns vor Gefahren, sie warnen uns bei Bedrohung und machen uns vorsichtig. Zu viele Selbstzweifel blockieren uns jedoch und führen zu Vermeidungsverhalten oder Perfektionismus. Um Selbstzweifel zu überwinden, ist es sinnvoll, seinen Ängsten ins Auge zu schauen und zu lernen, konstruktiv damit umzugehen.

30

2.2 Ich muss besser sein als andere

Finden Sie sich selbst okay? Um diese Frage beantworten zu können, brauchen wir den Vergleich mit anderen. Denn wir erfahren nur etwas über uns selbst, indem wir uns mit anderen vergleichen. Der US-amerikanische Sozialpsychologe Leon Festinger hat dieses Phänomen erforscht und bereits 1954 die Theorie des sozialen Vergleichs begründet.

Danach vergleichen sich Menschen mit allem und jedem und zu jeder Zeit. Kein Mensch ist frei von sozialen Vergleichen. Das fängt schon sehr früh an. Im Sandkasten schauen wir prüfend auf die Größe des Schäufelchens unseres Spielkameraden. In der Schule vergleichen wir unsere Noten mit denen der Klassenkameraden. Unser Aussehen vergleichen wir mit dem unserer Freunde, unsere Leistungen und das, was wir erreichen, mit dem, was andere in unserem Umfeld erreichen. Und natürlich vergleichen wir unser Gehalt mit dem des Kollegen, unser Auto mit dem des Nachbarn und, und, und.

Der soziale Vergleich

Sich zu vergleichen ist ganz natürlich und dient einer realistischen Einschätzung unserer Umgebung. Sich mit anderen zu vergleichen ist kein Problem für unser Selbstvertrauen. Der Grund für den Vergleich ist das Problem: das menschliche Bedürfnis, sich selbst im Vergleich zu anderen zu bewerten.

Als Vergleichsgrößen dienen uns meist die Menschen in unserem direkten Umfeld und die sozialen Erwartungen der Gruppen, in denen wir uns bewegen. Jede Gruppe hat ihre eigenen Leitplanken zur Orientierung. Diese geben die Richtung vor, was man haben sollte

(z. B. Smartphone oder Designerkleidung), was man tun sollte (z. B. Trendsportart oder schick essen gehen) und wie man sein sollte (z. B. jung, dynamisch und erfolgreich). Unsere Selbstbewertung – wie wir sind, was wir tun und was wir haben – führt dazu, dass wir uns gut, neutral oder schlecht fühlen. Denn je nachdem, mit welchen Personen wir uns vergleichen, stehen wir besser, gleich gut oder schlechter da.

Vergleichen wir uns z. B. „nach oben", d. h., vergleichen wir uns mit leistungsstärkeren, intelligenteren, reicheren, attraktiveren Menschen, kann unser Selbstwert und damit unser Selbstvertrauen schnell in Gefahr sein. Wir fühlen uns minderwertig und zweifeln an uns und unserem Leben. Damit kann man sich nachhaltig sein Leben ziemlich unangenehm gestalten. Vergleichen wir uns hingegen „nach unten", d. h. mit Menschen, die weniger erreicht haben als wir, kann das eine Selbstwerterhöhung bewirken und unser Selbstvertrauen stärken. Wir zweifeln weniger an uns selbst.

Das heißt nicht, dass sich Menschen mit stärkeren Selbstzweifeln nur „nach unten" vergleichen sollen. Zu viel Vergleich „nach unten" kann auch schnell dazu führen, sich die Dinge „schönzureden". Aber an Tagen, an denen man sich klein und unsicher fühlt, kann der Vergleich „nach unten" stabilisieren. Der Vergleich „nach oben" ist hingegen sinnvoll, wenn wir uns verbessern, entwickeln wollen. Und Menschen wollen sich entwickeln. Aber die Vergleichsgröße muss realistisch gewählt sein. Wer seine körperliche Fitness mit der eines

Spitzensportlers vergleicht oder seine Intelligenz mit der eines Nobelpreisträgers und sich dadurch minderwertig fühlt, hat eine unrealistische Bezugsgröße gewählt.

Albert Einstein hat einmal Folgendes gesagt: *„Jeder ist ein Genie. Aber wenn du einen Fisch danach bewertest, ob er auf einen Baum klettern kann, dann lebt er sein ganzes Leben in dem Glauben, er wäre dumm."*

Unser Verstand sagt sofort: Genau, das stimmt! Und trotzdem vergleichen wir uns fast zwanghaft mit den Idealbildern in unserem Umfeld. Warum?

Selbstoptimierung

Weil wir in einer leistungsorientierten Gesellschaft voller Perfektionismusanspruch und Selbstoptimierung leben, neigen wir dazu, uns „nach oben" zu vergleichen und uns so, wie wir sind, „noch" nicht ganz okay zu fühlen.

Ein Blick auf die Werbetafeln in unserer Stadt, die Hochglanzillustrierten am Kiosk, die Fernsehprogramme und die Angebote im Internet bietet uns eine schier unendliche Vergleichsbasis mit Idealbildern. Und diese Idealbilder zu Familie, Partnerschaft, Sex, Beruf, Karriere, Aussehen, Auto, Urlaub, Essen und vielem mehr stellen einen Großangriff auf unser Selbstvertrauen dar. Denn wir vergleichen uns mit den Besten und wir selbst stellen (zu) hohe Ansprüche an uns. Dieses Verhalten geht übrigens auf unser fundamentales Bedürfnis nach Zugehörigkeit zurück. Wenn wir dem Idealbild der Gesellschaft und den Ansprüchen, die andere an uns stellen, nicht gerecht werden, so unsere Angst, werden wir abgelehnt und gehören nicht dazu.

Vielleicht kennen Sie versteckte Botschaften wie diese: *„Schatz, du hast eine gute Figur, aber hast du gesehen, wie toll Karin abgenommen hat?"*, oder: *„Du verdienst ja echt gut, aber hast du gesehen, dass der Nachbar ein neues Auto gekauft hat?"* Und schnell kommen unsere Selbstzweifel, ob wir unserem Partner wirklich gefallen oder ob wir wirklich genug Geld verdienen.

Sie haben die Wahl

Wer seine Selbstzweifel überwinden will, kann damit anfangen, sich die Richtung seiner sozialen Vergleiche bewusst zu machen. Im Alltag vergessen wir oft, dass wir im Grunde die freie Wahl haben, mit wem wir uns vergleichen. Trotz Vorprägung aus der Kindheit zwingt uns niemand dazu, die Idealbilder aus den Medien und die in unserem weiteren Umfeld als einzige Wahrheit ansehen zu müssen. Den Vergleich „nach oben" sollten wir z. B. dosiert einsetzen, um persönliche Entwicklung zu ermöglichen, ohne jedoch Minderwertigkeitsgefühle zu produzieren. Den Vergleich „nach unten" können wir hingegen besonders an Tagen einsetzen, an denen unser Selbstvertrauen ohnehin im Keller ist und unsere Selbstzweifel hoch sind, um uns besser zu fühlen. Außerdem ist es sinnvoll, nicht Äpfel mit Birnen zu vergleichen, d. h. realistische Vergleichsgrößen zu wählen.

5. Alltagsübung: Mit wem vergleichen Sie sich?
Überlegen Sie sich einmal, mit welchen Personen Sie sich vergleichen. Schauen Sie dazu noch einmal Ihr Ergebnis des Selbstvertrauenstests am Anfang des Buches an. Notieren Sie sich Ihre Vergleichspersonen hinsichtlich der einzelnen Punkte: körperliche Fitness und Aussehen, Sicherheit im sozialen Kontakt und Auftreten, Leistungsfähigkeit und beruflicher Erfolg.

30

Der soziale Vergleich ist die Grundlage für unsere Selbstbewertung. Wir vergleichen uns ständig mit anderen, mit dem, was sie haben, was sie tun und wie sie sind. Da wir in einer leistungsorientierten Gesellschaft mit Perfektionismusanspruch leben, neigen wir häufig zum Vergleich „nach oben". Deshalb haben wir oft das Gefühl, den eigenen und fremden Ansprüchen (noch) nicht ganz zu genügen. Das kann schnell zu Minderwertigkeitsgefühlen führen. Um Selbstzweifel zu überwinden, ist es sinnvoll, sich bewusst zu machen, mit wem man sich vergleicht, und seine Vergleichspersonen realistisch auszuwählen.

2.3 Ich darf keine Fehler machen

Würden wir Menschen mit so viel Angst vor Fehlern auf die Welt kommen, wie wir sie im Laufe unseres Lebens entwickeln, hätte wohl niemand von uns laufen oder sprechen gelernt. Denn Menschen, die Angst vor Fehlern haben, handeln weniger und lernen dadurch auch weniger. Lernen funktioniert über Fehler machen: über etwas machen, falsch machen, daraus lernen und es beim nächsten Mal richtig machen. Anders als bei angelesenem und auswendig gelerntem Wissen sind Erfahrungen emotional. Sie brennen sich in unsere neuronalen Schaltkreise ein. Einmal falsch gemacht, für immer bedacht. Wir können zum Beispiel nur deshalb sprechen, weil wir beim Sprechenlernen viele missglückte Versuche zu sprechen in Kauf genommen haben. Das Gleiche gilt für alle Fähigkeiten, die wir im Laufe des Lebens erlernen.

Angst vor Fehlerfolgen

Es sind weniger die Fehler selbst, vor denen wir Angst haben, als vielmehr die Folgen der Fehler. Zum Beispiel das Gefühl, den eigenen oder fremden Erwartungen nicht entsprochen zu haben. Ausgelacht oder abgelehnt zu werden. Angst vor Mehrarbeit oder Gehaltseinbußen, Ansehens- oder Arbeitsplatzverlust.

Die meisten Menschen haben in ihrem Leben eher schlechte Erfahrungen mit Fehlern gemacht. Schon im Elternhaus und später in der Schule haben wir erlebt, dass man keine Fehler machen darf. Die Folgen von Fehlern waren in der Regel unangenehm. Hausarrest, kein Taschengeld, Strafarbeit oder subtilere Strafen wie Liebesentzug, Verachtung, Ablehnung und Ausgrenzung. Mit dieser Altlast gehen wir durchs Leben. Und das heutige Verhalten unseres Umfelds auf einen Fehler von uns löst bei uns das Programm „Angst vor

Ablehnung" und „Selbstzweifel" aus. Deshalb wollen wir Fehler(-folgen) um jeden Preis verhindern.

Das machen wir wiederum entweder durch Vermeidung oder Perfektionismus. Vermeider leben nach dem Motto: *„Wer sich nicht bewegt, der macht auch keine Fehler."* Mit so einem Verhalten erreichen Vermeider wenig und dadurch trauen sie sich wiederum wenig zu. Ein Teufelskreis, in dem die Unzufriedenheit wächst.

Perfektionisten leben hingegen nach dem Motto: *„Wenn ich alles perfekt mache, bin ich unangreifbar."* Auch Perfektionisten mangelt es an Selbstvertrauen. Sie fühlen sich oft unsicher und zweifeln daran, dass sie auch liebenswert sind, wenn sie einmal einen Fehler machen. Alles perfekt machen zu wollen, gibt ihnen Sicherheit und Kontrolle. So ein Verhalten kann jedoch früher oder später zur Erschöpfung und Depression führen.

Umgang mit Fehlern

Wer seine Selbstzweifel überwinden will, kann vier Dinge unternehmen:

- Hinterfragen Sie Ihren inneren Perfektionisten. Die Worte aus dem Kinderzimmer, wie z. B. *„Ich muss perfekt sein!"* oder *„Ich darf keine Fehler machen!"* sind auf Dauer wenig hilfreich, denn damit setzen Sie sich unter Druck. Nutzen Sie die Methode der Übertreibung, um diesen Druck zu verringern. Dazu können Sie sich eine ganz konkrete Aufgabe vor Augen führen, z. B. die Präsentation im nächsten Meeting. Stellen Sie sich vor, dass der Abteilungsleiter anwesend sein wird und Sie sich mächtig unter Beobachtung fühlen. Sie wollen natürlich alles perfekt machen. Übertreiben Sie Ihren Perfektionsgedanken einmal und verschärfen Sie dadurch in Ihrer Vorstellung den Druck, den Sie sich machen. So eine Übertreibung könnte lauten: *„Es ist eine absolute Notwendigkeit, die Präsentation 100 Prozent fehlerfrei zu erstellen und vorzutragen. Der kleinste Versprecher hat sofortige negative Auswirkungen auf meine berufliche Karriere. Usf."* Und jetzt überlegen Sie einmal, was für diesen Gedanken spricht. Und was spricht dagegen? Wie würde der Gegenpol zu dieser irrationalen Übertreibung lauten? Und wie könnte ein hilfreicher Gedanke lauten?

- Hinterfragen Sie Ihren inneren Vermeider. Hier lauten die Worte aus dem Kinderzimmer z. B. so: *„Pass bloß auf, das ist gefährlich!"*, oder: *„Sei auf der Hut!"* Wer in dieser Weise mit sich selbst zu sprechen gelernt hat, neigt dazu, Situationen, die er nicht einschätzen kann, zu vermeiden. Z. B. auf einer Party einen tollen Typen anzusprechen. Gehen Sie auch hier in die Übertreibung des Vermeidungsgedankens und verschärfen Sie dadurch Ihre Unsicherheit. So eine Übertreibung könnte lauten: *„Es ist eine absolute Notwendigkeit, wenn ich den Typen an der Bar anspreche, dass er mich sofort und vollkommen toll findet, wir gemeinsam etwas trinken, Sex haben werden, danach heiraten und Kinder bekommen. Wenn der Typ mich nicht aufrichtig liebt, bin ich nichts wert. Usf."* Und jetzt überlegen Sie wieder, was für diesen Gedanken spricht und was dagegen. Wie würde der Gegenpol zu dieser irrationalen Übertreibung lauten? Und wie könnte ein hilfreicher Gedanke lauten?

- Denken Sie mögliche Katastrophen voraus. Was kann Ihnen schlimmstenfalls passieren, wenn Sie in eine Situation gehen und einen Fehler machen? Denken Sie diesen Katastrophengedanken einmal konsequent zu Ende. Viele Menschen haben bereits vor der Vorstellung der Katastrophe so viel Angst, dass sie die Augen davor verschließen. So bleibt die Angst vor Fehlern oder besser gesagt vor den Folgen von Fehlern diffus und wenig greifbar. Das ist weit furchteinflößender, als sich mit den möglichen Folgen eines Fehlers bewusst auseinanderzusetzen. Erfahrungsgemäß ist der *worst case* in der Realität weit weniger dramatisch, als er sich in unseren Angstfantasien anfühlt.
- Denken Sie daran: Sie sind nicht Ihre Fehler. Ein Fehler macht Sie noch nicht zum Versager. Setzen Sie Ihr Verhalten in einer Situation nicht sofort mit Ihrer gesamten Person gleich. Relativieren Sie Fehler, die Ihnen unterlaufen sind, indem Sie überlegen, wie Sie wohl in zehn Jahren darüber denken werden.

Angst ist eine sehr sinnvolle Einrichtung der Natur, um Sie in bedrohlichen Situationen zu schützen. Das Ziel kann deshalb nicht lauten, keine Angst mehr zu haben, sondern Ihre Angst sinnvoll zu nutzen, um Situationen, Aufgaben und Menschen realistisch einzuschätzen und sich darauf sorgfältig vorzubereiten. Nutzen Sie Ihre Angst als Motor.

Angst und Selbstzweifel schützen uns vor Gefahren, sie warnen uns bei Bedrohung und machen uns vorsichtig. Zu viele Selbstzweifel blockieren uns jedoch und führen zu Vermeidungsverhalten oder Perfektionismus. Aus Angst, zu versagen, oder davor, den Ansprüchen anderer nicht gerecht zu werden, vermeiden wir Situationen oder versuchen sie zu kontrollieren. Doch ohne die Auseinandersetzung mit unseren Ängsten werden unsere Minderwertigkeitsgefühle und Selbstzweifel größer. Um Selbstzweifel zu überwinden, ist es sinnvoll,

- *seinen Ängsten ins Auge zu schauen und zu lernen, konstruktiv damit umzugehen,*
- *sich bewusst zu machen, mit wem man sich vergleicht, und seine Vergleichspersonen realistisch auszuwählen.*

30 MINUTEN

3. Toolbox: Selbstvertrauen stärken

Was kann ich tun, um mein Selbstvertrauen aktiv zu stärken? Auf den folgenden Seiten dreht sich alles um sieben kraftvolle Werkzeuge, mit denen Sie im Alltag große Wirkung erzielen werden. Füllen Sie Ihren Selbstvertrauenswerkzeugkasten mit einer Taschenlampe, einem Diktiergerät, einem Sieb, einem Messgerät, einem Mikrofon, mit Ohrstöpseln und mit einer Inventurliste.

Probieren Sie aus, mit welchem der Hilfsmittel Sie die besten Erfahrungen machen. Nutzen Sie besonders dieses Werkzeug, um Ihr Selbstvertrauen zu steuern und zu stärken. Das wird Ihnen dabei helfen, die Dinge zu tun, die Sie schon immer einmal tun wollten. Wann fangen Sie damit an?

3.1 Beobachten Sie sich wohlwollend

Viele Menschen kennen das: Wenn wir uns bei etwas beobachtet fühlen, werden wir unsicher und zweifeln an uns und unseren Fähigkeiten. Wenn wir z. B. allein in einer Bar stehen, um uns herum viele Paare und Gruppen, dann denken wir schnell, dass allen um uns herum auffallen muss, dass wir allein sind und dass alle über „den Typen" oder „die Frau", die da allein herumsteht, sprechen. Das ist so, weil in dem Moment, in dem wir uns beobachtet fühlen, unsere Selbstaufmerksamkeit steigt und wir die Selbstwahrnehmung haben, dass es uns in großen Buchstaben auf der Stirn steht, dass wir allein sind und Anschluss suchen.

Das erste Werkzeug setzt genau hier an: bei Ihrer Selbstaufmerksamkeit. Nutzen Sie diese Fähigkeit doch einmal andersherum. Beobachten Sie sich selbst – aber wohlwollend. So, wie wenn Sie mit einer Taschenlampe unter der Bettdecke lesen und dabei ganz konzentriert sind. Hier finden Sie zwei Tipps für Ihre Selbstbeobachtung:

- Fokussieren Sie Ihre Selbstbeobachtung auf eine konkrete Situation, in der Sie sich mehr Selbstvertrauen wünschen. Wenn es Ihnen z. B. schwerfällt, in einem Meeting Ihre Meinung zu äußern, weil Sie Angst davor haben, sich unbeliebt zu machen, können Sie Ihre Selbstbeobachtung im nächsten Meeting einmal darauf richten, welche Gedanken Ihnen durch den Kopf gehen und welche Gefühle Sie im Bauch spüren, wenn Sie sich vorstellen, *jetzt!* etwas zu sagen.

- **Bewerten Sie Ihre Selbstbeobachtung nicht.** Versuchen Sie, das, was Sie an sich selbst beobachten, neutral zu sehen. Das ist gar nicht so einfach. Unsere Erziehungsbotschaften haben sich so tief in unser Erfahrungsgedächtnis eingegraben, dass wir innerhalb von Sekundenbruchteilen das Beobachtete bewerten: *„Du blöde Kuh, jetzt hast du schon wieder den Zeitpunkt verpasst, etwas zu sagen!"* statt *„Ich beobachte, dass ich gerade die Chance gehabt hätte, meine Meinung zu äußern, aber ich habe das nicht getan."* Oder: *„War ja klar, dass ich das nicht schaffe, ich Looser!"* statt *„Ich beobachte, dass ich mich schlecht fühle, weil ich mich nicht getraut habe, etwas zu sagen."*

Wie soll das helfen, das Selbstvertrauen zu stärken? Ein altes hawaiianisches Sprichwort sagt: *Energie fließt dahin, wo die Aufmerksamkeit hingeht.* Dieses einfache Prinzip wurde in unzähligen Studien im Bereich der Achtsamkeitsforschung (mindfulness research) bestätigt. Und seit Jahrtausenden zeigt uns die buddhistische Lehre, dass die Konzentration auf das Hier und Jetzt durch meditative Selbstbeobachtung zu einer Stärkung der Persönlichkeit führt.

Trennen Sie deshalb sehr bewusst zwischen Ihrer Person und Ihrem Verhalten. Damit verflüssigen Sie ein festgefahrenes negatives Selbstbild. Wer immerzu über sich selbst sagt, dass er *„eine blöde Kuh"* oder *„ein Loo-*

ser" ist, der wird sich mit der Zeit genauso verhalten und von anderen so wahrgenommen werden. Wer hingegen erkennt, dass er sich im Hier und Jetzt, in einer bestimmten Situation unangemessen verhalten hat, ängstlich war oder etwas nicht erreicht hat, der hält sich die Möglichkeit offen, in einer anderen Situation frei zu entscheiden, ob er etwas anders machen wird.

Praxistipp: Nehmen Sie sich morgens vor dem Aufstehen fünf Minuten Zeit, um den vergangenen Tag Revue passieren zu lassen. Was haben Sie, bezogen auf die konkrete Situation und das Verhalten, welches Sie ändern wollen, beobachtet? Wie haben Sie mit sich selbst gesprochen? Notieren Sie sich, wenn Sie wollen, einige Stichworte.

3.2 Sprechen Sie freundlich mit sich

Nachdem Sie nun genau wissen, was Sie in dieser Situation zu sich selbst sagen und wie Sie sich selbst sehen, können Sie einen Schritt weiter gehen. Das zweite Werkzeug ist wie ein Diktiergerät für freundliche Selbstgespräche.

Da Sie sowieso ständig unbewusst und leise mit sich selbst sprechen, können Sie doch auch gleich einmal freundliche Worte wählen. Nutzen Sie den Selbstdialog, um rücksichtsvoll mit sich zu sprechen. Unterbrechen

Sie unfreundliche Erziehungsbotschaften von früher (und auch heutige Erziehungsbotschaften von Partnern, Chefs etc.) aktiv, indem Sie einmal anders mit sich selbst sprechen, als Sie das bislang machen. Beachten Sie bei Ihren freundlichen Selbstgesprächen zwei Dinge:

- Setzen Sie sich nicht unnötig unter Druck, indem Sie sofort Ihre gesamte Gesprächskultur mit sich selbst verändern wollen. Sagen Sie in konkreten Situationen hilfreiche Sätze zu sich: *„Mensch, den Kuchen habe ich aber gut gemacht"* Oder: *„Ich bin stolz, dass ich im Meeting meinen Mund aufgemacht habe."* Oder – in die Zukunft gerichtet: *„Ich darf Fehler machen, denn kein Mensch ist perfekt."* Sie werden bemerken, dass das gar nicht so einfach ist und dass es mit der Zeit eine sehr positive Auswirkung auf Ihr Selbstvertrauen haben wird.

- Achten Sie darauf, dass Sie mit positiv formulierten Sätzen mit sich sprechen. Z. B.: *„Ich habe meine Meinung frei geäußert und bin stolz darauf"* statt *„Ich habe mich nicht mehr verhalten wie ein Angsthase."* Oder: *„Ich darf Fehler machen, weil kein Mensch perfekt ist"* statt *„Es ist nicht schlimm, wenn ich Fehler mache."*

Wie soll das helfen, um das Selbstvertrauen zu stärken? Wie sich unsere innere Stimme entwickelt, haben wir bereits erfahren. In der entwicklungspsychologischen Forschung spricht man im Zusammenhang mit der inneren Stimme auch von inneren Antreibern oder dem inneren Kritiker, der uns das Leben schwermacht, indem er mit uns (also wir mit uns selbst) hart ins Gericht zieht. Die Methode des freundlichen Selbstgesprächs unterstützt Sie dabei, nach und nach rücksichtsvoller mit sich selbst umzugehen. Dadurch verändern Sie Ihre innere Stimme und das stärkt Ihr Selbstvertrauen.

Praxistipp: Schreiben Sie sich einige für Sie hilfreiche Sätze auf ein Stück Papier. Z. B.: „Ich kann gut mit Zahlen umgehen", oder: „Ich finde meine Augen schön." Tragen Sie es einige Zeit bei sich.

3.3 Filtern Sie positive Informationen

Das dritte Werkzeug ist wie ein Sieb für selbstwertdienliche Informationen. Filtern Sie damit aus dem Fluss der Botschaften, die alltäglich auf Sie einströmen, die heraus, die Ihnen guttun. Dabei geht es nicht darum, alles positiv zu sehen oder sich selbst zu überschätzen. Denn natürlich haben Sie Stärken und Schwächen und die Welt besteht immer aus Positivem und Negativem. Es geht darum, beides wahrzunehmen, jedoch die eigenen Stärken und das Positive in der Welt zu betonen. Denn: Energie folgt immer der Aufmerksamkeit. Im Positiven wie im Negativen. Wer zu einem überwiegend negativen Selbstbild neigt, welches sich u. a. durch entsprechende Erziehungsbotschaften früh gebildet

hat und fortan über das Erleben und Verhalten mitbe-
stimmt, richtet seine Aufmerksamkeit stärker auf negative Informationen, die das negative Selbstbild bestätigen. Die Folge davon ist oft ein geringes Selbstvertrau-
en. Diesen Teufelskreis können Sie durchbrechen:

Nur positive Erlebnisse notieren
Fangen Sie damit an, positive Informationen zu filtern, die Ihnen guttun. Gehen Sie dabei systematisch
vor. Filtern Sie eine konkrete Situation nach der anderen. Hat Ihnen Ihr Partner oder Ihr Chef kürzlich ein
Kompliment gemacht? Schreiben Sie das auf. Wurden
Sie heute schon von irgendjemandem für irgendet-
was gelobt? Aufschreiben. Haben Sie in letzter Zeit
anerkennende, wertschätzende Worte gehört? Notieren
Sie sich alle diese positiven Dinge und lassen Sie einmal die negativen Dinge durch das Sieb hindurch-
strömen.

Wie soll das helfen, um das Selbstvertrauen zu stärken? Selbstvertrauen entwickelt sich durch die Erfahrung, dass wir mit unseren Fähigkeiten, unserem Aussehen, unseren Meinungen und unserem Verhalten eigenen und fremden Ansprüchen genügen. An einem
normalen Tag, an dem wir durchschnittlich 16 Stun-
den lang wach sind, ist genau das der Fall. Wir meistern die allermeisten Anforderungen ganz gut. Anders
würden wir unser Leben gar nicht geregelt bekommen.
Aber wir und unser Umfeld nehmen das nicht aktiv
und bewusst wahr. Was wir wahrnehmen, sind unsere
Fehler und unsere Missgeschicke. Denn wir haben oft

von frühester Kindheit an gelernt, auf das zu schauen, was nicht funktioniert: *„Gut Sohn, du hast in jedem Fach eine Eins, aber was ist mit Deutsch, da hast du eine Vier."* Oder: *„Müller, es ist ja toll, dass Sie unseren Umsatz um 15 Prozent gesteigert haben, aber was soll der Einbruch bei Produkt X?"* Und die meisten Menschen in unserem Umfeld richten ihre Wahrnehmung ebenso auf Fehler und auf das Negative aus. Fehler- statt Ressourcenorientierung.

Machen Sie es anders. Entdecken Sie das große Reservoir an Selbstvertrauen in Ihnen, die unzähligen Situationen, in denen Sie mit Ihrer Person, Ihren Fähigkeiten und Ihrem Verhalten allen Anforderungen in Ihrem Leben gerecht geworden sind und aktuell gerecht werden. Unterbrechen Sie frühe Erziehungsbotschaften, die sich auf Ihre Schwächen konzentriert haben. Machen Sie nicht damit weiter, Schwächen bei sich zu suchen und sich dafür zu bestrafen. Nehmen Sie Ihre Stärken wahr, hören Sie auf positive Rückmeldungen aus Ihrem Umfeld und loben Sie sich selbst für Ihre Stärken.

Praxistipp: Nehmen Sie das Sieb in die Hand und filtern Sie aus allen Informationen, die auf Sie einströmen, diejenigen heraus, die Ihnen guttun. Z. B. Komplimente, Lob, Anerkennung und Wertschätzung von Menschen in Ihrem Umfeld.

3.4 Erfassen Sie Ihre Körpersignale

Das vierte Werkzeug ist wie ein Messgerät, mit dem Sie Ihre Körpersignale erfassen. Unser Körper ist das wichtigste Erfahrungsinstrument, das wir haben. Jeder Mensch verfügt ein Leben lang über die Fähigkeit, wahrzunehmen, ob es ihm gut geht oder nicht: ob er müde ist oder wach, hungrig oder satt, gesund oder krank. Im Laufe des Lebens verlernen wir jedoch, auf diese Körpersignale zu achten bzw. sie ernst zu nehmen. Die Folge: Negative Auswirkungen auf unsere körperliche Verfassung. Und die hat unmittelbare Auswirkungen auf unser Selbstvertrauen. Wer sich kraftlos, schlapp, gar krank fühlt, lässt sich viel schneller verunsichern und traut sich weniger zu als der, der in einer körperlich guten Verfassung ist.

Spielen Sie das folgende Gedankenexperiment einmal durch: Sie haben morgen einen Präsentationstermin im Abteilungsmeeting. Es geht darum, Ihr Projektbudget zu verteidigen. Ausgerechnet jetzt merken Sie, dass ein grippaler Infekt Sie unkonzentriert, müde und fiebrig macht. Man sieht es Ihnen an, dass Sie kränklich sind. Wie sicher fühlen Sie sich für das morgige Meeting?

Es ist kein Zufall, dass Menschen vor wichtigen Terminen früh zu Bett gehen, wenig Alkohol trinken und bewusst auf ihre körperliche Verfassung achten. Wer sich körperlich gut fühlt, traut sich mehr zu. Nutzen Sie diesen Selbstvertrauensturbo. Achten Sie auf eine gute körperliche Verfassung.

30 *Praxistipp: Wann haben Sie zuletzt Ihren Körper bewusst wahrgenommen? Wann haben Sie sich in Ihrer Haut zuletzt bewusst vollkommen wohlgefühlt? Achten Sie einmal morgens beim Aufwachen darauf, wie sich Ihr Körper anfühlt.*

3.5 Nutzen Sie Ihre Körpersprache

Unsere Körpersprache funktioniert wie ein Mikrofon, mit dem wir uns anderen mitteilen. Evolutionsbiologisch betrachtet ist Körpersprache die älteste Sprache überhaupt. Alle Tiere kommunizieren über Körpersprache, über Bewegungen und Laute, wenn es darum geht, zu überleben. Bei der Jagd nach Nahrung (fressen), im Kampf gegen Rivalen und Feinde (nicht gefressen werden) und beim Werben um ein Weibchen oder Männchen (sich fortpflanzen). Und auch wir Menschen kommunizieren durch unseren Körper nonverbal mit anderen, lange bevor wir sprechen lernen. Als Baby lächeln wir, um Kontakt aufzunehmen, oder wir schreien, wenn wir Hunger haben. Auch als Erwachsener kommunizieren wir mit anderen zu einem großen Teil nonverbal. Meist unbewusst.

Wir wirken mit unserer körperlichen Erscheinung unmittelbar und am schnellsten auf andere – ob wir das wollen oder nicht. Noch bevor wir ein Wort sagen, machen sich andere ein Bild von uns und reagieren entsprechend. Das haben Kommunikationsforscher rund um die Welt in unzähligen Studien bewiesen. Unser Erscheinungsbild bestimmt den ersten Eindruck, den unser Gegenüber von uns gewinnt. Die Wirkung unserer körperlichen Verfassung auf andere, die Reaktion der anderen und die Rückwirkung dieser Reaktion auf uns selbst sind nicht zu unterschätzen.

Sehen wir schlapp und kränklich aus, werden wir wie ein kranker, schlapper Mensch behandelt, dem man nichts zutraut. Und irgendwann fühlen wir uns dann genauso: schlapp und kränklich und selbstzweifelnd. Sehen wir hingegen kräftig und gesund aus wie ein Mensch, dem man etwas zutrauen kann, werden wir entsprechend anders behandelt und fühlen uns auch eher gesund, kräftig und selbstvertrauend.

Körperliche Ausdrücke wirken jedoch nicht nur auf unser Umfeld. Unsere Körpersprache wirkt auch auf unser eigenes Erleben und Verhalten zurück. Diese Wechselwirkung ist mittlerweile wissenschaftlich belegt. Eine aufrechte und entspannte Körperhaltung, eine tiefe Atmung und ein Lachen wirken sich positiv auf unsere Gefühle und damit auf unser Selbstvertrauen aus. Denn unser Gehirn schüttet dabei Neurobotenstoffe aus, die uns glücklich machen. Achten Sie einmal bewusst darauf, welche Körperhaltung Sie einnehmen und wie Sie atmen, wenn Sie sich voller Selbstvertrauen fühlen. Menschen, die über viel Selbstvertrauen verfügen, stehen fest und sicher auf ihren Füßen, sie stehen aufrecht und ruhig, atmen gleichmäßig und wirken entspannt. Und wie sieht das bei Menschen aus, die an sich selbst zweifeln? Ängstliche Menschen stehen wenig sicher da, sie wirken angespannt und atmen eher flach. Nehmen Sie besonders dann, wenn Ihnen etwas schwerfällt und Sie an sich zweifeln, so oft wie möglich bewusst eine aufrechte, entspannte Körperhaltung ein und atmen Sie tief durch. Allein dadurch entfalten Sie unbewusst mehr Selbstvertrauen. Schauen Sie noch einmal Ihr Testergebnis vom Anfang des Buches an. Wie haben Sie Ihr körperbezogenes Selbstvertrauen eingeschätzt? Um Ihr körperbezogenes Selbstvertrauen zu stärken, können Sie drei Dinge tun:

- Ändern Sie etwas an Ihrem Erscheinungsbild und erzielen Sie dadurch sofort eine andere Wirkung in Ihrem Umfeld. Achten Sie auf die Pflege Ihrer Frisur, der Haut, der Fingernägel, auf Ihre Zähne und auf die Rasur. Verwenden Sie Make-up und kleiden Sie sich dem Umfeld angemessen, in dem Sie sich bewegen.
- Ändern Sie etwas an Ihrer Körperhaltung und erzielen Sie damit eine positive Wirkung bei sich selbst und bei anderen. Achten Sie auf einen aufrechten, festen Stand, auf dynamische Bewegungen, eine tiefe Atmung und ein freundliches Lächeln.
- Treiben Sie ein wenig Sport und steigern Sie dadurch Ihre Fitness. Das erhöht Ihren Muskeltonus und Ihre Spannung im Körper.

Wer sich in seiner Haut wohlfühlt, egal ob er ein paar Kilos zu viel auf den Rippen hat, ob er klein oder groß ist, ob er viele Haare auf dem Kopf hat oder nicht, strahlt Selbstvertrauen aus.

Praxistipp: Der schnellste und wirkungsvollste Weg, Ihr Selbstvertrauen über die eigene Körpersprache und die Rückmeldung anderer zu stärken, ist, auf das Erscheinungsbild und auf die Körperhaltung zu achten und Sport zu treiben.

30

3.6 Überhören Sie Bedenken anderer

Das sechste Werkzeug sind ein Paar Ohrstöpsel, mit denen Sie immer dann Ihre Ohren schützen können, wenn die Stimmen der Bedenkenträger in Ihrem Umfeld zu laut werden. Das Ausblenden der Bedenken anderer in Ihrer Umgebung ist sehr wirkungsvoll, um Ihr Selbstvertrauen zu stärken. Denn besonders in Situationen, in denen Sie sich einer Sache unsicher sind, sind Sie leicht zu irritieren. Da es nicht immer einfach ist, in unserem Umfeld die Menschen zu meiden, die uns mit ihren Bedenken verunsichern, sollten Sie immer Ihre imaginären Ohrstöpsel dabeihaben und lernen, Bedenken anderer bewusst zu überhören. Wenn andere an Ihren Fähigkeiten zweifeln, verunsichert Sie das und lässt Sie selbst an Ihren Fähigkeiten zweifeln.

Umgeben Sie sich deshalb generell eher mit Menschen, die Ihnen etwas zutrauen. Dadurch werden Sie sich mehr anstrengen, mehr an sich selbst glauben und folglich auch schwierige Situationen bewältigen, die Sie ohne dieses Fremdzutrauen nicht geschafft hätten.

Welche Menschen in Ihrer Umgebung glauben an Sie? Wer traut Ihnen etwas zu? Schaffen Sie sich ein selbstvertrauensdienliches Umfeld.

30 *Praxistipp: Für ein negatives Erlebnis brauchen Sie drei positive Erlebnisse, um Ihr Selbstvertrauen wieder ins Gleichgewicht zu bringen. Das gilt ebenso für Menschen, die Ihnen etwas nicht zutrauen. Riskieren Sie Ihr Selbstvertrauen nicht dadurch, dass Sie sich mit Menschen umgeben, die es Ihnen rauben wollen.*

3.7 Schreiben Sie Ihre Inventurliste

Das siebte Werkzeug ist wie eine Inventurliste, mit der Sie Ihr Selbstvertrauen auflisten. Wenn Sie für eine Aufgabe oder eine Begegnung mit einer Person viel Selbstvertrauen benötigen und Ihre Selbstzweifel, ob Sie der Situation gewachsen sein werden, groß sind, sollten Sie sich mental rüsten. Erstellen Sie sich in solchen Situationen Ihr Selbstvertrauensinventar, indem Sie die Dinge notieren, die Sie an sich selbst und in Ihrem Leben gut finden. Beantworten Sie einmal die folgenden neun Gutfühlfragen:

Neun Gutfühlfragen für mehr Selbstvertrauen
1. Was finde ich im Moment gut an mir?
2. Worauf bin ich besonders stolz?

3. Was finde ich an meiner Lebenssituation gerade gut?
4. Wofür bin ich dankbar?
5. Welche schwierige Situation habe ich gemeistert?
6. Wann fühle ich mich besonders wohl?
7. Wann war ich besonders mutig?
8. Was mache ich besonders gern?
9. Welche Menschen trauen mir etwas zu?

Mit sieben wirkungsvollen Werkzeugen können Sie Ihr Selbstvertrauen im Alltag stärken:

- *Richten Sie die Taschenlampe auf sich selbst und beobachten Sie, wie Sie sich selbst sehen.*
- *Schalten Sie das Diktiergerät ein und sprechen Sie rücksichtsvoll und freundlich mit sich selbst.*
- *Filtern Sie mit Ihrem Sieb alle Informationen, die auf Sie einströmen. Behalten Sie nur positive Botschaften, die wie Goldnuggets im Sieb liegen bleiben.*
- *Justieren Sie Ihr Messgerät und nehmen Sie damit Ihre Körpersignale wahr.*
- *Schalten Sie das Mikrofon ein und lassen Sie Ihren Körper mit sich und anderen sprechen.*
- *Nutzen Sie die Ohrstöpsel und schützen Sie damit Ihre Ohren, wenn die Stimmen der Bedenkenträger in Ihrem Umfeld zu laut werden. Hören Sie den Menschen zu, die an Sie glauben.*
- *Und erstellen Sie zu guter Letzt Ihre Inventurliste, d. h. Ihr Selbstvertrauensinventar, als Übergangshilfe in den Alltag.*

30 MINUTEN

Wie schaffen wir es, unsere eigenen Grenzen zu überschreiten?

Wie können wir mit Widerständen umgehen?

Wie können wir tatsächlich neue Ziele erreichen?

4. Selbstvertrauen im Alltag

Wie kann ich mit mehr Selbstvertrauen durch den Alltag gehen? Auf den folgenden Seiten dreht sich alles um
die Umsetzung dessen, was Sie in den bisherigen Kapiteln gelesen und gelernt haben. D.h., es geht ans Einge-
machte. Denn natürlich ist es etwas gänzlich anderes,
allein im Sessel zu sitzen und dieses Buch zustimmend
zu lesen, oder aufzustehen, sich seinen Selbstzweifeln
zu stellen und über seine Grenzen hinauszugehen.
Ich möchte Sie dazu einladen, aufzustehen und loszuge-
hen. Erleichtern Sie sich den ersten, oft schwierigsten
Schritt, indem Sie sich vor den Risiken und Nebenwir-
kungen eines gestärkten Selbstvertrauens schützen.

4.1 Mit Grenzen umgehen

Wer sich bislang selbst wenig vertraut hat, dem wird es zunächst schwerfallen, sein frisch gestärktes Selbstvertrauen im Alltag einzusetzen. Denn mit mehr Selbstvertrauen werden Sie auch mehr Dinge tun wollen, die Sie bislang noch nicht getan haben. Das heißt, es wird sich etwas verändern. Da wir Menschen erfahrungsgemäß Angst vor Veränderung haben, die damit verbundenen Risiken und Anstrengungen vermeiden wollen, werden Sie früher oder später an Grenzen stoßen, an die Grenzen Ihrer Komfortzone. Was dann?

Die Komfortzone verlassen

Wann haben Sie sich das letzte Mal Aufgaben gestellt, die Sie noch nie gemacht haben, sich mit Menschen unterhalten, die Sie noch nie gesehen haben, sich in Situationen begeben, die Sie noch nie erlebt haben?

Wir alle leben in einem von uns selbst gestalteten Umfeld, in dem wir uns auskennen. Psychologen nennen dieses Umfeld Komfortzone und darin ist uns so ziemlich alles bekannt. Das muss nicht zwangsläufig alles komfortabel sein, auch alle negativen Erlebnisse und schlechten Erfahrungen sind darin enthalten, aber wir kennen alles und es stellt keine Bedrohung (mehr) für uns dar.

Außerhalb unserer Komfortzone befindet sich das, was uns unbekannt ist, neue Situationen, neue Erlebnisse, neue Erfahrungen. Selbst wenn diese objektiv betrachtet Ähnlichkeit mit bereits erlebten Situationen aufweisen, stellt es für die meisten Menschen eine Herausforderung dar, die eigene Komfortzone zu verlassen und diese neuen Situationen aufzusuchen.

Denn in der Veränderung liegt für die meisten Menschen viel zu viel Risiko, dass etwas noch schlimmer wird, als es bereits ist. Deshalb halten so viele Menschen an so vielen Dingen fest, obwohl sie genau wissen, dass es ihnen nicht guttut: an einem Arbeitsplatz, der sie krank macht; an einem Partner, der sie schlecht behandelt; an Verhaltensweisen, die ihnen schaden.

Wenn wir an die Grenzen unserer Komfortzone stoßen, d. h., wenn wir einer neuen Situation gegenüberstehen, die wir noch nie erlebt haben, dann weichen wir erst einmal reflexartig zurück, denn über die Grenze hinauszugehen ist riskant und gefährlich.

Und was passiert in uns, wenn wir zurückweichen? Die erste Gefühlsreaktion nach dem Zurückweichen ist oft die Erleichterung, denn innerhalb unseres bekannten Umfelds kennen wir uns aus und fühlen uns wieder sicher. Die zweite Gefühlsreaktion ist jedoch der Ärger über uns selbst und darüber, die Grenze nicht überschritten zu haben. Unsere innere Stimme sagt zu uns: *„Feigling, hast du schon wieder gekniffen."* Wir sind unzufrieden und fühlen uns schlecht, denn wir wollen ja neue Ziele erreichen. Dann kommen oft die Ausreden: *„Na ja, habe ich ja schon gewusst, wofür soll das auch gut sein, morgen ist ja auch noch ein Tag."* Mit den Ausreden bringen wir uns irgendwie wieder ins innere Gleichgewicht.

Alles, von dem wir uns selbst durch mehr oder weniger gute Ausreden und logische Begründungen abhalten, deutet darauf hin, dass wir an die Grenzen unserer Komfortzone stoßen. Wir finden dann oft gute Gründe, etwas nicht zu tun: Etwas anderes ist wichtiger, keine Zeit oder kein Geld.

Henry Ford hat einmal gesagt: *„Wer immer tut, was er schon kann, bleibt immer das, was er schon ist."*

Es lohnt sich, über die Grenzen seiner Komfortzone hinauszugehen und sich Möglichkeiten zu schaffen, um seine Talente und Fähigkeiten auszuprobieren. Überfordern Sie sich dabei jedoch nicht. Wählen Sie die Schrittlänge aus der Komfortzone nur so groß, dass Sie den Schritt bequem machen können, ohne zu stolpern. Beachten Sie dabei auch, dass das Selbstvertrauen tagesformabhängig ist. Es gibt Tage, an denen fühlen wir uns klein wie eine Maus und es stellt bereits eine Herausforderung für uns dar, am Kiosk nach der Zeitung zu fragen. An anderen Tagen könnten wir sprichwörtlich Bäume ausreißen und fühlen uns stark.

Steigern Sie Ihre Selbstvertrauenstagesform ganz gezielt, wenn Sie wissen, dass eine Herausforderung auf Sie zukommt. Z. B. die Präsentation in der nächsten Geschäftsleitungssitzung, das nächste Meeting, in dem Sie Ihre Idee vorstellen, oder die nächste Party, auf der Sie endlich diesen tollen Typen ansprechen wollen:

- Machen Sie in den Tagen vor einer neuen Herausforderung möglichst viele Dinge, die Sie können. Das stärkt Ihren Glauben an Ihre Fähigkeiten.

- Umgeben Sie sich in den Tagen vor einer neuen Herausforderung mit Menschen, die Sie mögen und die an Sie glauben. Das stärkt Ihre Zuversicht für Ihre Möglichkeiten.
- Sprechen Sie in den Tagen vor einer neuen Herausforderung besonders wohlwollend mit sich selbst. Führen Sie sich vor Augen, wie viele ähnlich schwierige Situationen Sie bereits gut gemeistert haben. Das stärkt Ihre innere Ruhe.
- Gehen Sie in den Tagen vor einer neuen Herausforderung gut mit Ihrem Körper um. Gönnen Sie sich genügend Schlaf, Bewegung, gesunde Nahrung und Entspannung. Das stärkt Ihre innere Haltung.

Damit beeinflussen Sie Ihre Selbstvertrauensbilanz auf Dauer positiv. Das ist besonders deshalb wichtig, weil Sie nicht immer planen oder vorhersehen können, wann Sie einer neuen Herausforderung gegenüberstehen werden. Wann Sie über die Grenzen Ihrer Komfortzone gehen müssen, um ein Ziel zu erreichen. Manchmal kommen die Herausforderungen unvorhergesehen und so unmittelbar, dass Sie keine Vorbereitungszeit haben. Ist dem so, können Sie das folgende mentale Notfallprogramm nutzen:

60 Sekunden für mehr Selbstvertrauen

Nehmen Sie sich eine Minute Zeit, um sich mental zu fokussieren. 60 Sekunden reichen aus, um Ihre Selbstvertrauensbilanz zu aktivieren und damit an Ihr Selbstvertrauen zu kommen. Nehmen Sie eine gute Körperhaltung ein. Atmen Sie tief durch. Lächeln Sie. Beantworten Sie sich die neun Gutfühlfragen (Selbstvertrauensinventar im Kapitel Selbstvertrauen stärken) oder führen Sie das Selbstinterview am Ende dieses Buches durch.

Erfahrungen sammeln

Der Glaube kann bekanntlich Berge versetzen. Wer die Erfahrung gemacht hat und davon überzeugt ist, aufgrund eigener Kompetenzen gewünschte Handlungen erfolgreich ausführen zu können, besitzt das, was Psychologen eine hohe Selbstwirksamkeitserwartung nennen. Und hier schließt sich der Kreis zum Anfang des Buches. Ihr Selbstvertrauen wird dann stark genug sein, um immer wieder über die Grenzen Ihrer Komfortzone zu gehen und neue Ziele zu erreichen, wenn Sie häufig genug die Erfahrung gemacht haben, auch einer neuen Situation gewachsen zu sein.

D. h., Sie brauchen Möglichkeiten, die Erfahrung zu sammeln, dass Ihnen etwas gelingt. Als Kleinkind und als Schüler geben Ihnen Ihre Eltern und Lehrer mehr oder weniger viele Möglichkeiten, diese wichtigen Könnenserfahrungen zu sammeln, indem sie Ihnen vertrauen und Sie machen lassen. Wenn wir älter werden, sind wir zunehmend selbst dafür verantwortlich, uns die Möglichkeiten zu schaffen, das Umfeld zu suchen oder zu gestalten, um die Erfahrungen machen zu können, dass wir neue Herausforderungen meistern.

Natürlich sind wir als Arbeitnehmer auch darauf angewiesen, dass unsere Chefs für Rahmenbedingungen sorgen, innerhalb derer wir handeln und positive Erfahrungen sammeln können. Oder in unserer Partnerschaft ist es unser Partner, der dazu beiträgt, dass wir eigene Erfahrungen machen können. Aber hauptsächlich sind wir es selbst, die das Umfeld, den Arbeitsplatz, den Partner, die Freunde, den Freizeitverein wählen. Deshalb: Augen auf, für welches Umfeld Sie sich entscheiden. Denn ein einmal gewähltes Umfeld lässt sich erfahrungsgemäß nicht so einfach ändern. Und das Umfeld bestimmt zu einem großen Teil darüber, wie wir uns verhalten. Im positiven wie im negativen Sinne. Ein Umfeld, in welchem wir auf Dauer nur eingeschränkte Möglichkeiten haben, etwas erfolgreich und gut zu machen, wirkt sich mit der Zeit negativ auf unser Selbstvertrauen aus.

7. Alltagsübung: Woran merken Sie, dass Sie an Grenzen stoßen?
Überlegen Sie einmal, wann Sie das letzte Mal einer Aufgabe, einer Person oder einer Situation gegenüberstanden, die neu für Sie war und vor der Sie zurückgewichen sind. Woran haben Sie bemerkt, dass Sie an Grenzen stoßen? Was hat dazu geführt, dass Sie den Schritt über die Grenze nicht gemacht haben?

Um mehr Selbstvertrauen im Alltag zu leben, ist es wichtig, sich immer wieder Möglichkeiten zu schaffen, in denen wir uns selbst als wirksam erleben können. Je mehr positive Erfahrungen Sie

machen, einer Situation gewachsen zu sein, desto stärker wird Ihr Selbstvertrauen. Schaffen Sie sich so eine positive Selbstvertrauensbilanz.

4.2 Mit Widerständen umgehen

Mehr Selbstvertrauen im Alltag wird Ihnen dabei helfen, mehr von den Dingen zu machen, die Sie schon immer einmal tun wollten. An den Grenzen Ihrer Komfortzone werden Sie jedoch nicht nur Ihr frisch gestärktes Selbstvertrauen benötigen. Sie werden auch die Kraft brauchen, mit zwei Widerständen umzugehen: dem inneren Widerstand, sich nicht anstrengen zu wollen, und dem äußeren Widerstand, dass es manch einen in Ihrem Umfeld geben wird, der es gar nicht gut findet, wenn Sie mehr Selbstvertrauen haben.

Äußere Widerstande

Jede Veränderung hat Auswirkungen auf Ihr soziales Umfeld. Mit mehr Selbstvertrauen werden Sie sich an anspruchsvollere Aufgaben wagen und sich häufiger trauen, Ihre Meinung frei zu äußern. Das wird nicht jedem Ihrer Mitmenschen gefallen. Stellen Sie sich vor, Sie präsentieren im nächsten Meeting endlich einmal Ihre Idee und zeigen damit, dass Sie fachlich etwas können. Oder Sie sprechen den tollen Typen auf der Party endlich an. Was dann? Vielleicht werden Sie sich öfters mit dem Typen treffen und eine Freundschaft entsteht.

Für Ihre bislang beste Freundin haben Sie deshalb nur noch wenig Zeit und die ist darüber gar nicht erfreut und kritisiert das. Die Arbeitskollegen im Team sind über Ihren Mut und vor allem über Ihre kompetente Idee erstaunt und manche sehen Sie fortan als Konkurrenten und verhalten sich Ihnen gegenüber nicht mehr so freundlich.

Sobald wir von unserem Chef, unseren Kollegen, unserem Partner oder anderen Menschen in unserem Umfeld kritisiert werden, sind wir alarmiert. Dann hören wir die Kritik nur noch mit unserem *„Der-lehnt-mich-als-Person-ab-Ohr"*. Wir fürchten Zurückweisung und Ausschluss aus der Gruppe. Das ist nicht leicht auszuhalten, denn letztendlich wollen wir doch einfach nur gemocht werden.

Sofort beginnen wir, an unserem neuen Selbstvertrauen zu zweifeln. Schnell fallen wir wieder in unsere alten Selbstzweifelgewohnheiten zurück.

Hier schließt sich ein Kreis. Menschen mit einem starken Selbstvertrauen werden von anderen zwar oft bewundert, aber wenn Ihr Selbstvertrauen wächst, werden Sie merken, dass Sie damit bei anderen anecken. Denn Sie sind nicht mehr so stark beeinflussbar, Sie sind weniger abhängig von anderen.

Wie kommen Sie aus dieser Zwickmühle heraus? Es ist ja schon paradox, dass Sie mit wachsendem Selbstvertrauen damit rechnen müssen, dass aufgrund von Umfeldreaktionen (in Form von Ablehnung) gleichermaßen Ihre Selbstzweifel wachsen. Erinnern Sie sich noch an das Kapitel *Selbstzweifel überwinden* und an den Kirschbananensaftshake? Es kommt auf das Mischungsverhältnis von Selbstzweifeln und Selbstvertrauen an, ob Sie ein Ziel erreichen oder nicht. Es gibt einen Weg aus der Zwickmühle: Verändern Sie Ihre Hörgewohnheiten. Wenn Sie jemand kritisiert, dann hören Sie aufmerksam zu und unterscheiden Sie zwischen konstruktiver Kritik zu einem Verhalten X in einer Situation Y und destruktiver Kritik, die Ihre Person infrage stellt. Bei destruktiver Kritik können Sie zwei Dinge tun:

- Entweder Sie formulieren das Gesagte in Ihren wohlwollenden Selbstgesprächen um, z. B. Kritiker: „Du bist ein Trottel." Umformulierung: „Ich habe mich in der Situation Y ungeschickt verhalten."
- Oder Sie nutzen sogleich Ihre Ohrstöpsel und überhören diese Kritik einfach. Manche Kritik von manchen Menschen ist es wirklich nicht wert, gehört zu werden.

Innere Widerstände

Über Grenzen zu gehen strengt an. Sich etwas vorzunehmen und seine Absicht in die Tat umzusetzen kostet Kraft. Und eigentlich wollen wir uns nicht anstrengen. Wir bevorzugen die anstrengungsfreie Zielerreichung. Wenn Sie Ihre Selbstzweifel überwunden haben und sich zutrauen, den Schritt über die Grenze zu gehen, kommt allzu oft der innere Schweinehund, der Ihnen sagt, dass sich die Anstrengung doch gar nicht lohnt. Aber vor den Erfolg haben die Götter bekanntlich den Schweiß gesetzt. Was also tun, um den inneren Widerstand der Anstrengungsvermeidung zu überwinden? Sie können drei Dinge beachten:

- Schaffen Sie sich überschaubare Portionen, die Sie verdauen können. Unser Auge ist oft größer als unser Hunger. Laden Sie sich nicht zu viel auf den Teller. Wenn Sie sich beim Ausprobieren Ihres neuen Selbstvertrauens zu viele oder zu große Herausforderungen vornehmen, werden Sie bald frustriert in Ihre Komfortzone zurückkehren.

- Lassen Sie sich nicht zu oft in Versuchung führen. In unserer Konsumwelt werden wir täglich mit unzähligen Verlockungen konfrontiert. Medien um uns herum locken rund um die Uhr mit anstrengungsfreiem Spaß. Achten Sie darauf, dass Sie sich nicht in zu viele verlockende Situationen begeben. Denn neuesten psychologischen Forschungsergebnissen der Universität Chicago zufolge erliegen wir jeder sechsten Versuchung. Wenn Sie vor einer anstrengenden Herausforderung stehen und gleichzeitig eine anstrengungsfreie, verlockende Alternative haben, ist die Gefahr groß, dass Sie den Weg des geringsten Widerstands gehen, anstatt Ihr neues Selbstvertrauen auszuprobieren.

- Begeisterung trägt Sie bis ans Ende der Welt. Wenn Ihre Lust darauf, den Schritt aus der Komfortzone zu machen, größer ist als Ihre Lust auf die Anstrengungsvermeidung, haben Sie gute Karten, über Grenzen gehen zu können. Was begeistert Sie? Überlegen Sie einmal, was Ihnen wirklich wichtig ist und was Sie wirklich gern machen – was Sie sich vielleicht aber bis jetzt noch nicht zugetraut haben. Heute ist der Tag, an dem Sie damit anfangen können.

8. Alltagsübung: Wie gehen Sie mit Widerständen um?
Sie haben das Selbstvertrauen gefasst, etwas zu tun, das Sie sich bislang nicht getraut haben. Dennoch spüren Sie einen Widerstand, Ihre Absicht in die Tat umzusetzen. Prüfen Sie einmal, welcher Art dieser Widerstand ist. Handelt es sich um äußere Widerstände, um Menschen in Ihrer Umgebung, die Ihrem neuen Selbstvertrauen eher kritisch gegenüberstehen? Oder sind es eher innere Widerstände, weil Sie sich nicht anstrengen wollen. Wie gehen Sie damit um?

Jede Veränderung hat Auswirkungen. Mehr Selbstvertrauen im Alltag wird Ihnen dabei helfen, mehr von den Dingen zu machen, die Sie schon immer einmal tun wollten. Aber wenn Sie sich bewegen, können Sie auch anecken. An den Grenzen Ihrer Komfortzone werden Sie nicht nur Ihr frisch gestärktes Selbstvertrauen benötigen. Sie werden auch die Kraft brauchen, gegen die Kritik anderer zu handeln und gegen den eigenen Schweinehund anzugehen und sich anzustrengen.

4.3 Mit neuen Zielen umgehen

Gehen Sie rücksichtsvoll mit sich selbst um. Was das heißt? Nun, erwarten Sie nicht, dass sich alles sofort und für immer verändern wird. Wenn Sie in den vergangenen Jahren und in vielen Situationen eher schüchtern, zurückhaltend und wenig selbstvertrauend waren, wird sich das nicht von heute auf morgen komplett verändern, nur weil Sie das heute beschließen. So etwas funktioniert nur im Fernsehen, aber nicht im Leben.

Das Alles-sofort-immer-Programm

Vielleicht kennen Sie auch die guten Vorsätze zum Jahresbeginn oder die immer wiederkehrenden „Ab morgen wird alles anders"-Gedanken. Sich vorzunehmen, alles sofort und für immer verändern zu wollen, überfordert Menschen. Wer das von sich erwartet, schafft sich bald das nächste Misserfolgserlebnis und damit den nächsten Selbstvertrauensdämpfer. Denn wie sollte das auch funktionieren. Das wäre so, als ob ein durchschnittlich sportlicher Mensch heute beschließt, morgen die 100 Meter unter 10 Sekunden zu rennen. Ergebnis bei Versuch: Herzrasen, Muskelzerrung, Frust.

Wer jedoch die neueren Erkenntnisse der Gehirnforschung berücksichtigt, weiß, dass wir neue Verhaltensweisen über einen Zeitraum von sechs bis neun Monaten so automatisieren und damit festigen können, dass sie uns leichtfallen und wir uns sicher damit fühlen. Das funktioniert, weil sich die jeweiligen Nervenzellen in unserem Gehirn fest verbinden, wenn wir etwas immer wieder tun, immer wieder denken oder immer wieder erleben. Genau wie beim 100-Meter-Lauf. Wer regelmäßig trainiert, wird Schritt für Schritt schneller rennen.

Beim Selbstvertrauen ist das genauso. Wer beschließen will, immer sofort und bei allem mehr Selbstvertrauen zu haben, wird ebenso an seine Grenzen stoßen. Aber Sie können heute und hier damit anfangen, Schritt für Schritt ein stärkeres Selbstvertrauen aufzubauen. Stellen Sie sich dabei auf den einen oder anderen Rückschlag ein. Besonders bei der Umsetzung längerfristiger Ziele, z.B. im Bereich der beruflichen Entwicklung, werden Sie es mit Selbstvertrauensschwankungen zu tun bekommen. Es ist hilfreich, das zu akzeptieren und sich an „schlechten Tagen" nicht noch zusätzlich unter Druck zu setzen, indem Sie unfreundlich mit sich selbst reden. Nutzen Sie stattdessen einen hilfreichen Satz, z. B.: *„Heute fühle ich mich wenig selbstvertrauend, aber morgen wird das wieder anders sein."*

Konzentrieren Sie sich am besten immer auf eine einzige kleine Situation, in der Sie sich mehr Selbstvertrauen wünschen. Z.B. auf das nächste Meeting im Job und darauf, Ihre Idee tatsächlich vorzustellen und nicht dabei stehen zu bleiben, es zwar zu wollen, aber nicht zu machen. Oder darauf, den netten Typen an der Bar wirklich anzusprechen, anstatt es wieder auf das nächste Mal zu verschieben. Bei vielen Menschen läuft schon bei so einer Vorstellung das *„Alles-sofort-immer-Programm"* ab. Wir verbinden z. B. mit der fünfminütigen Präsentation unserer Idee im Meeting die Erwartung, dass wir brillieren, tosenden Applaus bekommen, der Chef unseres Chefs auf uns aufmerksam wird, wir befördert werden, im neuen Einzelbüro sitzen werden und einen neuen Firmenwagen bekommen. Diese Vorstellung ist natürlich genauso übertrieben wie die Vorstellung, dass wir sofort und vollkommen versagen werden, uns die Worte im Hals stecken bleiben und das, was herauskommt, von den Kollegen zerrissen wird, unser Chef davon Wind bekommt, wir umgehend gekündigt werden und bald von Hartz IV leben müssen. Stopp! Beide Gedankenketten sind unrealistisch. Im Meeting hier und jetzt geht es allein darum, mit einigen geraden Sätzen auszudrücken, was Sie zu sagen haben. Sollte das jemand nicht gut finden, heißt das noch lange nicht, dass Sie ein schlechter Mitarbeiter sind bzw. als Person abgelehnt werden. Trennen Sie zwischen Ihrer Idee, die Sie vortragen wollen, und Ihrer Person.

Und an der Bar? Wenn Sie dem netten Typen Hallo sagen wollen, aber bereits der erste Satz nicht über Ihre Lippen kommen will? Auch hier läuft bei vielen Menschen das *„Alles-sofort-immer-Programm"* ab. Wir legen in den ersten Satz *„Hallo, ich bin Clara"* die Erwartung, dass wir mit dem Mann einen wunderschönen Abend verbringen, eine heiße Nacht haben, danach heiraten, Kinder bekommen, ein Haus bauen und gemeinsam glücklich sind, bis dass der Tod uns scheidet. Wie im Werbeclip im Fernsehen: das ganze Leben in zehn Sekunden. Stopp! Hier und jetzt geht es einfach darum, Hallo zu sagen. Nicht mehr und nicht weniger. Vielleicht wird aus dem Hallo ein gemeinsames Getränk, vielleicht aber auch nicht – und das würde nicht bedeuten, dass Sie als Person nicht liebenswert sind.

Führen Sie selbst Regie in Ihrem Kopfkino. Es zwingt Sie niemand dazu, das zu denken, was Sie schon immer gedacht haben, und das zu machen, was Sie schon immer gemacht haben. Nutzen Sie die Werkzeuge, die Sie in diesem Buch kennengelernt haben, und äußern Sie im nächsten Meeting Ihre Meinung oder sprechen Sie bei der nächsten Party den Typen an. Was soll schon Schlimmes passieren?

Um Ihr Selbstvertrauen im Alltag dauerhaft positiv zu entwickeln, können Sie sich eine konkrete Alltagssituation nach der anderen vornehmen, in der Sie immer wieder eine Kleinigkeit in Ihrem Denken und Verhalten ändern werden. Reihen Sie immer mehr kleine, wertvolle Veränderungsperlen aneinander, bis sich der Kreis schließt und eine wundervolle Selbstvertrauensperlenkette entstanden ist. Verschreiben Sie sich so, wie es Ihrem Tempo entspricht, jeweils eine für Sie verträgliche Dosis an Veränderung. Und beachten Sie dabei die goldene Regel: Weniger ist mehr!

Wenn Sie sich einfache, kleine Verhaltensänderungen vornehmen und einige Monate durchhalten, werden Sie bemerken, wie etwas in Bewegung kommt. Je häufiger und regelmäßiger Sie einen neuen Gedanken oder ein neues Verhalten wiederholen, desto sicherer werden Sie sich beim nächsten Mal fühlen. Denn wenn wir etwas schon einmal gemacht haben und es hat funktioniert und wir glauben, dass wir dafür verantwortlich sind, dass es funktioniert hat, dann vertrauen wir uns, dass es beim nächsten Mal wieder funktionieren wird.

Je häufiger wir etwas wiederholen und je häufiger wir die Erfahrung machen, dass es funktioniert, desto sicherer fühlen wir uns damit. Selbst wenn sich einzelne Situationsfaktoren ändern, vertrauen wir unseren Fähigkeiten und Möglichkeiten, es zu schaffen.

Glauben Sie den Gehirnforschern, die herausgefunden haben, dass unser Hirn plastisch ist. Wir können unser Hirn oder besser gesagt die Verbindungen von Nervenzellen in unserem Gehirn beeinflussen. Je nachdem, was wir immer wieder erleben (sehen, hören, riechen, tasten, schmecken), was wir immer wieder denken und fühlen und wie wir uns immer wieder verhalten, verschalten sich unsere Nervenzellen.

So können wir über die Zeit sogar Einfluss auf unsere innere Stimme, auf unser Selbstbild und damit auf unser Selbstvertrauen nehmen und es stärker machen. Mit diesem Buch haben Sie schon damit angefangen.

9. Alltagsübung: Was nehmen Sie aus diesem Buch mit?
Mit welcher kleinen Änderung im Denken und/oder Verhalten werden Sie heute noch anfangen und damit Ihr Selbstvertrauen stärken? Notieren Sie sich diesen einen Punkt hier und jetzt:

_____

_____

_____

30 *Alles sofort und für immer verändern zu können ist ein Wunschtraum aus der Werbung. Was in Zehn-Sekunden-Werbeclips im Fernsehen möglich ist, hat wenig mit dem wirklichen Leben zu tun. Gehen Sie rücksichtsvoll mit sich selbst um. Erwarten Sie nicht von sich, über Nacht ein neuer Mensch zu werden. Damit fangen Sie sich lediglich den nächsten Selbstvertrauensdämpfer ein. Bauen Sie Ihr Selbstvertrauen Schritt für Schritt auf:*

- *Fangen Sie damit an, sich Möglichkeiten zu schaffen, um neue, positive Erfahrungen zu machen.*

- *Hinterfragen Sie Ihre Ausreden und „logischen Begründungen", mit denen Sie sich davon abhalten, etwas zu tun.*

- *Hören Sie Kritik anderer als eine Rückmeldung zu Ihrem Verhalten in einer bestimmten Situation und nicht sofort als „Der lehnt mich als Person ab"-Botschaft.*

- *Laden Sie sich überschaubare Anstrengungsportionen auf Ihren Teller und überfordern Sie sich nicht.*

- *Glauben Sie den Gehirnforschern, die herausgefunden haben, dass wir neue Verhaltensweisen über einen Zeitraum von sechs bis neun Monaten so einüben können, dass wir uns sicher damit fühlen.*

Das Selbstinterview

Selbstvertrauen stärken Sie am einfachsten dadurch, dass Sie sich viele kleine, überschaubare Möglichkeiten schaffen, bei denen Sie die Erfahrung machen, dass Ihnen etwas glückt, dass Sie etwas können, etwas schaffen, etwas erreichen.

Bis hierher haben Sie mit neun kleinen Alltagsübungen gedanklich an Ihre Erfahrungen angedockt. Vielleicht haben Sie sogar schon das eine oder andere der sieben wirkungsvollen Werkzeuge im Alltag ausprobiert. Oder Sie konnten bereits von einer der vielen Anregungen oder einem konkreten Tipp profitieren.

Mit dem folgenden Selbstinterview können Sie Ihr Selbstvertrauen immer dann stärken, wenn Sie über Ihre eigenen Grenzen gehen wollen, um sich neue Erfahrungsmöglichkeiten zu schaffen. Beantworten Sie dazu die folgenden neun Fragen – wenn Sie wollen auch schriftlich:

1. Was habe ich heute schon alles gut gemacht?

    Habe ich einen schwierigen Kundentermin gut gemeistert? Habe ich mich getraut, im Meeting etwas zu sagen? Habe ich auf dem Nachhauseweg einen netten Typen angelächelt?

2. Was finde ich generell gut an mir?

    Bin ich sportlich? Kann ich gut Englisch sprechen? Habe ich gute und zuverlässige Freunde?

3. Welche vergleichbar schwierige Situation habe ich früher schon einmal gemeistert?

    Im Beruf? Im Privatleben?

4. Was kann mir schlimmstenfalls passieren?

Werde ich oder werden andere sterben? Werde ich meinen Job oder meinen Partner verlieren? Werde ich Hunger leiden?

5. Welche hilfreichen Sätze verleihen mir Selbstvertrauen?

„Ich bin der Aufgabe gewachsen." „Ich darf auch Fehler machen." „Es kann nichts wirklich Schlimmes passieren."

6. Wann fühle ich mich besonders wohl?

Wenn ich ausgeschlafen bin? Wenn ich anständig gegessen habe? Wenn ich mich ausreichend bewegt habe?

7. Mit welchem Erscheinungsbild fühle ich mich sicher?

Wenn ich frisch geduscht bin? Wenn ich einem Anlass entsprechend gekleidet bin? Wenn ich gerade stehe und tief atme?

8. Was gibt mir ein gutes Gefühl und Selbstvertrauen?

Wenn ich mich gut auf etwas vorbereitet habe? Wenn ich mich mit Menschen vergleiche, die ähnliche Fähigkeiten haben wie ich und damit erfolgreich waren?

9. Welche Menschen in meinem Umfeld glauben an mich und trauen mir etwas zu?

Mein Partner? Mein Chef? Meine Arbeitskollegen? Meine Sportfreunde?

Nutzen Sie die neun Fragen, sooft Sie Lust haben, um Ihr Selbstvertrauen wachsen zu lassen.

Fast Reader

1. Die Wurzeln des Selbstvertrauens

Wir Menschen sind soziale Wesen. Teil einer Gruppe zu sein sicherte evolutionsbiologisch betrachtet über Jahrmillionen das Überleben unserer Vorfahren. Wenn Menschen das Gefühl haben, abgelehnt zu werden, entwickeln sie Selbstzweifel, werden ängstlich und trauen sich nur noch wenig zu.

Aus Angst vor Ablehnung verhalten wir uns als Baby und Kleinkind instinktiv so, dass unsere Eltern uns annehmen: Wir gehorchen. Dadurch entwickeln wir von frühester Kindheit an eine innere Stimme, die uns selbst im Erwachsenenalter noch sagt, wie wir uns zu verhalten haben, um Ablehnung zu vermeiden. Je nachdem, welche Botschaften wir immer wieder gehört haben, fördert der Dialog mit uns selbst eher unsere Selbstzweifel oder unser Selbstvertrauen.

So machen wir uns in jungen Jahren ein Bild von uns selbst, das Selbstbild. Weil wir uns damit sicher fühlen, suchen wir fortan nach Bestätigung unseres Selbstbildes – egal ob es negativ oder positiv ist. Die ersten Schritte, um Selbstzweifel zu überwinden und Selbstvertrauen zu stärken, sind:

- *Achten Sie bewusst darauf, wie Sie mit sich selbst sprechen.*
- *Machen Sie sich bewusst, welches Bild Sie von sich selbst haben.*

2. Selbstzweifel überwinden

Angst und Selbstzweifel schützen uns vor Gefahren, sie warnen uns bei Bedrohung und machen uns vorsichtig. Zu viele Selbstzweifel blockieren uns jedoch und führen zu Vermeidungsverhalten oder Perfektionismus.

Der soziale Vergleich ist die Grundlage für unsere Selbstbewertung. Wir vergleichen uns ständig mit anderen, mit dem, was sie haben, was sie tun und wie sie sind. Deshalb haben wir oft das Gefühl, den eigenen und fremden Ansprüchen (noch) nicht zu genügen. Das kann schnell zu Minderwertigkeitsgefühlen führen.

Aus Angst, zu versagen, oder davor, den Ansprüchen anderer nicht gerecht zu werden, vermeiden

wir Situationen oder versuchen sie zu kontrollie-
ren. Doch ohne die Auseinandersetzung mit unse-
ren Ängsten werden unsere Minderwertigkeitsge-
fühle und Selbstzweifel größer. Um Selbstzweifel
zu überwinden ist es sinnvoll,

- *seinen Ängsten ins Auge zu schauen und zu*
  lernen, konstruktiv damit umzugehen,
- *sich bewusst zu machen, mit wem man sich*
  vergleicht, und seine Vergleichspersonen rea-
  listisch auszuwählen.

3. Toolbox: Selbstvertrauen stärken

Die folgenden sieben Selbstvertrauenswerkzeuge
funktionieren durch bewusste Aufmerksamkeits-
lenkung und wiederholte Anwendung. Die Wir-
kung zeigt sich schnell in einer Stärkung Ihres
Selbstvertrauens im Alltag:

- *Richten Sie die Taschenlampe auf sich selbst*
  und beobachten Sie, wie Sie mit sich selbst
  sprechen und wie Sie sich selbst sehen.
- *Schalten Sie das Diktiergerät ein und sprechen*
  Sie rücksichtsvoll und freundlich mit sich selbst.
- *Filtern Sie mit Ihrem Sieb alle Informationen,*
  die auf Sie einströmen. Behalten Sie nur positi-
  ve Botschaften, die wie Goldnuggets im Sieb
  liegen bleiben.

- *Justieren Sie Ihr Messgerät und nehmen Sie damit die Signale Ihres Körpers wahr.*
- *Schalten Sie das Mikrofon ein und lassen Sie Ihren Körper mit sich und anderen sprechen.*
- *Nutzen Sie die Ohrstöpsel und schützen Sie damit Ihre Ohren, wenn die Stimmen der Bedenkenträger in Ihrem Umfeld zu laut werden. Hören Sie den Menschen zu, die an Sie glauben.*
- *Und erstellen Sie zu guter Letzt Ihre Inventurliste, d. h. Ihr Selbstvertrauensinventar, als Übergangshilfe in den Alltag.*

4. Selbstvertrauen im Alltag

So, wie wir uns in unserem Selbstbild einrichten, so richten wir uns im Laufe unseres Lebens auch eine Komfortzone ein. Ein Umfeld, in dem wir uns auskennen und deshalb sicher fühlen. Jede Veränderung hat Auswirkungen. Mehr Selbstvertrauen im Alltag wird Ihnen dabei helfen, mehr von den Dingen zu machen, die Sie schon immer einmal tun wollten. Aber wenn Sie sich bewegen, können Sie auch anecken. An den Grenzen Ihrer Komfortzone werden Sie nicht nur Ihr frisch gestärktes Selbstvertrauen benötigen. Sie werden auch die Kraft brauchen, gegen die Kritik anderer zu handeln und gegen den eigenen Schweinehund anzugehen und sich anzustrengen.

Alles sofort und für immer verändern zu können ist ein Wunschtraum aus der Werbung. Gehen Sie rücksichtsvoll mit sich selbst um. Erwarten Sie nicht von sich, über Nacht ein neuer Mensch zu werden. Damit fangen Sie sich lediglich den nächsten Selbstvertrauensdämpfer ein. Bauen Sie Ihr Selbstvertrauen Schritt für Schritt auf:

- *Fangen Sie damit an, sich Möglichkeiten zu schaffen, um neue, positive Erfahrungen zu machen.*
- *Hinterfragen Sie Ihre Ausreden und „logischen Begründungen", mit denen Sie sich davon abhalten, etwas zu tun.*
- *Hören Sie Kritik anderer als eine Rückmeldung zu Ihrem Verhalten in einer bestimmten Situation und nicht sofort als „Der lehnt mich als Person ab"-Botschaft.*
- *Laden Sie sich überschaubare Anstrengungsportionen auf Ihren Teller und überfordern Sie sich nicht.*
- *Glauben Sie den Gehirnforschern, die herausgefunden haben, dass wir neue Verhaltensweisen über einen Zeitraum von sechs bis neun Monaten so einüben können, dass wir uns sicher damit fühlen.*

Der Autor

Diplom-Psychologe Hans-Georg Willmann arbeitet seit 1998 als Coach. Er berät Menschen in beruflichen Veränderungsprozessen und Krisen und unterstützt sie dabei, Ziele zu erreichen. Willmann war als Personalreferent tätig, bevor er 2003 seine eigene Personalberatung gründete.

Kontakt:
Hans-Georg Willmann
www.hans-georg-willmann.de

Bereits im GABAL Verlag veröffentlicht:

30 Minuten Willenskraft
(4. Aufl. 2014).

30 Minuten Begeisterung
(1. Aufl. 2014).

Weiterführende Literatur

- Blum, D.: Die Entdeckung der Mutterliebe. Die legendären Affenexperimente des Harry Harlow. Beltz Verlag, Weinheim, 2010.

- Fritz-Schubert, E.: Glück kann man lernen. Ullstein Verlag, Berlin, 2010.

- Hassenstein, B.: Verhaltensbiologie des Kindes. MV-Wissenschaft Verlag, Münster, 2007.

- Hinsch, R. & Pfingsten, U.: Gruppentraining sozialer Kompetenz GSK. Beltz Verlag, Weinheim, 2007.

- Märtin, D.: Gut ist besser als perfekt. 3. Auflage, Deutscher Taschenbuch Verlag, München, 2011.

- Spitzer, M. & Wulf, B.: Hirnforschung für Neu(ro)gierige: Braintertainment 2.0. Schattauer Verlag, Stuttgart, 2009.

- Storch, M., Cantieni, B., Hüther, G. & Tschacher, W.: Embodiment. Wechselwirkung von Körper und Psyche verstehen und nutzen. 2., erw. Auflage, Huber Verlag, Bern, 2010.

- Willmann, H.-G.: 30 Minuten Willenskraft. 4. Auflage, GABAL Verlag, Offenbach, 2014.

Register